Über das Buch:

Ende der 90er-Jahre entscheidet sich ein erfolgreicher Programmierer radikal für seine spirituelle und tantrische Suche. Schmeißt alles hin, verkauft und verschenkt sein Hab und Gut, und begibt sich auf eine sein ganzes Leben auf den Kopf stellende Reise durch Indien.

Dort trifft er auf Meister, Scharlatane, Gurus, wird Sannyasin und Yogi, erfährt tantrische Abenteuer, spirituelle Höhenflüge und psychische Abstürze, begräbt Illusionen und Hoffnungen und findet langsam jenes Tantra, das „nirgendwo und überall" ist.

Dieses Buch berichtet über eine tiefe Wandlung, über radikale Suche und ebenso radikales Hingeben. Über ein Rasen und über ein Anhalten und letztlich über ein überraschendes Finden. Erst im Sich-Ergeben stirbt der Autor in sich selbst hinein, findet Gott und Göttin ewig vereint, sich selbst als Alles und Nichts und das Sein als lebendige Stille im ewigen Moment.

Ein Buch über eine Reise, die (k)ein jähes Ende fand.

Über den Autor:

OWK Edgar Hofer, geboren 1963, ist Autor mehrerer Sachbücher zum Thema Erleuchtung und Kundalini sowie Gründer und Betreiber diverser Internetforen zur indischen Philosophie Advaita. Als Satsang- und Tantralehrer gibt er Seminare und Retreats im deutschsprachigen Raum und auf der Atlantikinsel La Gomera.

Seine Webseiten:

www.owk.eu
www.erwachen.com

OWK Edgar Hofer

Tantrische Erleuchtung

Sex, Drugs & Meditation

Von ko(s)mischen Orgasmen, indischen Kulten
und einer Reise in die Unendlichkeit

Bibliografische Information der Deutschen Nationalbibliothek

Die Deutsche Nationalbibliothek verzeichnet diese Publikation in der Deutschen Nationalbibliografie; detaillierte bibliografische Daten sind im Internet über http://dnb.d-nb.de abrufbar.

Hofer, Edgar (OWK): Tantrische Erleuchtung
Herstellung und Verlag: Books on Demand GmbH, Norderstedt

Covergestaltung: Yehu, Bremhof
Logo-Design: Vera
Foto (Wiese) auf dem Cover: Torsten Gudescheid / Pixelio.de
Fotos im Buch: Aus dem Archiv des Autors

ISBN: 978-3-8391-8760-9

Inhalt

Vielen Dank
meiner liebsten Daniela
für ihre unermüdliche Unterstützung

Vorwort

Irgendwo muss ja dieses Buch beginnen, und da die Zeit von meiner Geburt bis zur großen Indienreise nur unbedeutende 35 Jahre ausmachte, möchte ich diese Zeit der Einfachheit halber überspringen – oder eben nur sehr kurz beschreiben.

Vorweg: Natürlich ist dies ein spirituelles Buch und es gipfelt in der Erfahrung der „Einheit mit Gott" - manche nennen diese Erfahrung „Erleuchtung", manche „Erwachen" – und ich habe schon ein Buch[1] über diese Erfahrung selbst geschrieben, aber: In diesem Buch beschreibe ich meinen Weg zu dieser Erfahrung, und dieser Weg war nicht nur gepflastert mit spirituellen und psychischen Ausnahmezuständen, sondern auch mit sexuellen und drogeninduzierten Exzessen. Ich war Tantriker, und ich suchte Zustände der Ekstase und Glückseligkeit. Erleuchtung suchte ich eigentlich nicht. Sie suchte mich heim, ja – aber der Weg dahin war das, was man im Yoga und Tantra traditionell den „linkshändigen Pfad" nennt.

Nun – dies nur zur Warnung. Wer ein rein spirituelles Buch mit göttlichen Versen sucht, artig, rein und brav, der möge dieses Buch nun zur Seite legen (oder sich mein allererstes kaufen, das ist voll davon...).

Nach dieser Warnung eine Gegenwarnung: Wer nun, neugierig durch obige Absätze, vielleicht ein sexuelles

---

[1] OWK: Erleuchtung - the real is Illusion, the Illusion is real

oder gar pornografisches Buch erwartet, der sei auch gewarnt: Tantra ist heilige Sexualität, ist Vereinigung mit Gott im Außen, mit der Göttin in jeder Frau. Hier geht es nicht um Orgien, sondern um Erfahrungen am Wege der Bewusstwerdung. Großteils um außergewöhnliche spirituelle Zustände am Pfad der Suche nach Gott und dem eigenen „Ich“, die mit Sexualität im herkömmlichen Sinne nichts zu tun haben, oft nichtmal sexuell induziert wurden.

Und wenn ich oben den „linkshändigen Pfad“ erwähne, heißt dies noch lange nicht, dass ich etwa Teufelsanbeter oder Schwarzmagier gewesen wäre. „Linkshändig“ bezeichnet im Yoga lediglich, dass eben auch Sexualität und oft auch Drogen mit in den spirituellen Weg einfließen, also erlaubt sind. Diese Erfahrungen werden jedoch mit möglichst wachem Geist und im Sinne eines Experiments herbeigeführt.

Rückblick

Ich war also 35 Jahre alt, und mit meiner damaligen Freundin Karin in Indien unterwegs, auf der Suche nach Wahrheit, nach Erleuchtung, nach Gott, und dem ganzen Rest. Uns verband das gemeinsame Interesse an Tantra und auch an außergewöhnlichen Bewusstseinszuständen. Ich kannte sie erst wenige Monate, kennengelernt hatte ich sie bei einem Tantra-Seminar in Wien, lieben gelernt auf einem ebensolchen in Mexiko (...)

Zuvor war ich zweimal verheiratet, zweimal Vater, im Endeffekt dann zweimal geschieden, hatte viele spirituelle Wege probiert, war beruflich (hauptsächlich als Programmierer) mal mehr und mal weniger erfolgreich, und nach meiner zweiten gescheiterten Ehe fast ausschließlich nur mehr an Tantra und tantrischem Kriya- sowie Kundalini-Yoga interessiert.

Meine bis dahin eindrucksvollsten spirituellen Zustände hatte ich in verschiedenen Tantra-Seminaren (für Fortgeschrittene) erfahren, sowie in Drogensitzungen, die mit Sex verbunden waren. Zwei davon möchte ich herausgreifen, da sie doch für meinen weiteren Weg und meine weitere Welt- und Selbstsicht von Bedeutung waren:

Da war einmal meine Mushroom-Initiation mit Silvana: Heilige Pilze, genommen an einem Berggipfel (kleiner Berg) in der Nähe von Wien, und als ich dabei ihre Yoni[2]

---

[2] Yoni = indisch/tantrisch für weibliche Scheide

küssen durfte, fühlte ich mich so, als wäre ich ein Schmetterling, der an einer Blüte saugt. Es war absolut himmlisch und fühlte sich an, als würde die Zeit still stehen. Als hätte ich einen Punkt in der Ewigkeit erreicht, der immer schon da war und noch immer – durch alle Zeiten hindurch – währt. Als wäre ich immer schon ein Schmetterling gewesen an dieser Blüte saugend, und nichts sonst wäre jemals geschehen – das restliche Leben ein Traum. So, als würde ich immer wieder aus diesem Traum erwachen und zurückkehren, mich wiederfinden, als dieser Schmetterling, der, während er vom ewigen Nektar trinkt, von vielen Leben träumt. Und sonst existiert NICHTS.

Und ja, ich hatte wirklich schon sehr viel Sex mit vielen Frauen erlebt, aber das war bis dahin das absolut Größte. Und ich erinnere mich noch, wie ich danach im Wolkenbild der untergehenden Sonne Ozeane und Inseln erblickte. Es war traumhaft, außergewöhnlich und erzeugte in mir den festen Glauben „da ist eine Realität jenseits unserer Realität, die sich unserer normalen Wahrnehmung verschließt – aber durch Drogen, Sex und Meditation erreichbar ist“. Ich war auf den Geschmack gekommen.

Zuvor führte ich eigentlich für mein Alter ein relativ drogenfreies Leben. Zwar Ende der 60er und in den 70ern aufgewachsen, entstammte ich doch einer recht bürgerlichen Familie, mein Vater war schon 44 zu meiner Geburt – für einen Hippie also viel zu alt. Die einzige Rauschdroge, die er zu sich nahm, war Alkohol. Und so kannte ich eigentlich auch nichts anderes, war aber niemals ein Trinker, nur in Gesellschaft mit Freunden floss ab und zu das Bier, manchmal Härteres, aber um „richtige“ Drogen machte ich lange einen großen Bogen – ich hatte schlicht Angst, dass es mir gefällt !! Und ich dadurch süchtig werden könnte.

Ja, eigentlich war ich zuvor mehr oder weniger ein klassischer „Yuppie“ gewesen, recht früh hatte ich mich mit einer EDV-Firma selbständig gemacht, war damit halbwegs erfolgreich, hatte in meinen Ehen schöne große Wohnungen, immer wieder teure Autos, ne Menge Klamotten. Und irgendwann war das „mehr“ erledigt, irgendwann wurde das Auto ein Diesel, irgendwann interessierte mich all dies nicht mehr. Und gleichzeitig begann dann meine „spirituelle Suche“ wie man so sagt… - mit Taoismus, im Wicca, bei Rosenkreuzern, bei modernen Stadt-Schamanen und schließlich beim Tantra.

Yuppie juchhe

Magisches Waldviertel

Nun, Anfang meiner 30er kam ich erstmals in Berührung mit Cannabis. Erst durch einen Freund, später noch viel intensiver durch meine neue Freundin Silvana. Und ich ging sehr schnell durch verschiedene Phasen der durch Cannabis induzierten veränderten Wahrnehmungszustände: Anfangs war GAR NICHTS – später lachte ich ohne Grund und ohne zu wissen, warum ich lachte. Richtige Lachanfälle. Noch später lernte ich, was es heißt, „stoned" zu sein. Einfach tief entspannt und schwer wie ein Stein. Körperlich zu keiner Regung fähig. Geistig fliegend – oder auch in einem tiefschlafähnlichen, ja man könnte sagen, fast meditationsähnlichen Entspannungszustand.

Und natürlich mischte ich es alsbald mit Sex: Yogische Atemübungen und Energievisualisationen, verbunden mit Sex und Tantra, verbunden mit Cannabis: regelrecht ein Geheimrezept. Erstmals – und anfangs nur durch Hilfe dieser Droge – konnte ich „die Energie" richtig fühlen – und später sogar lenken. In meinem Körper, und auch im Körper des Partners. Ja, wir haben viel experimentiert, Silvana und ich, und am Höhepunkt unserer Experimente war es nicht nur möglich, allein „durch die Luft" und durch „Augenkontakt" ihr einen Orgasmus zu „verschaffen", nein, es funktionierte sogar durch gemeinsames Atmen und Mantra-Singen und –Summen per Telefon !! Es war eine Phase reinster Magie, besser: Mystik, besser: Sexual-Mystik. Wir konnten beliebig energetisch „Eins-Sein", und das willentlich, jederzeit und auch über entfernte Orte.

Das änderte sich, als ich Karin kennenlernte. Es war, wie erwähnt, auf einem Tantra-Seminar in Wien, Silvana war zu dieser Zeit sogar noch dabei, und sie war auch vom ersten Tag an eifersüchtig, nur: auf die falsche Frau (!!) - auf eine andere Seminarteilnehmerin. An Karin war für mich interessant, dass sie ausgebildete Sexualtherapeutin war und ein Bauernhaus außerhalb von Wien besaß. Da ich meinen beiden Exgattinnen zuvor die jeweiligen Ehewohnungen überlassen hatte, war ich ab jener Zeit bereit, bei den jeweiligen Partnerinnen wohntechnisch unterzukommen. Zumal plante Karin in ihrem Bauernhaus so eine Art „Ashram" einzurichten. Da fehlte natürlich nur der „Meister", und als Meister sah mein Ego logischerweise: MICH (*g*).

Nun, nach dem Wiener Seminar beschlossen einige Teilnehmer, darunter auch Karin und ich, das Intensivseminar in Mexiko zu absolvieren. Das war damals das fortgeschrittenste Seminar dieser tantrischen Richtung („tantrischer Kriya-Yoga nach Babaji"[3]), einzigartig in dieser Form auf dem ganzen Planeten (nun, das sagen ja immer alle Lehrer der verschiedenen esoterischen Richtungen...). Karin musste dazu noch „schnell" eine Initiation durchlaufen, und von meiner Lehrerin erhielt ich die Erlaubnis, ausnahmsweise diese Initiation zu geben („kosmischer Kobra-Atem nach Babaji"), damit Karin in Mexiko dabei sein konnte.

---

[3] Babaji: Ein angeblich seit 2000 Jahren im indischen Himalaya lebender Heiliger und Avatar (Inkarnation des Göttlichen).

Silvana konnte sich dieses Seminar nicht leisten und so kam ich aus Mexiko zurück, frisch verliebt in Karin und bereit, die Beziehung mit Silvana zu beenden, was ich dann auch tat. Nachträglich betrachtet habe ich Silvana sehr geliebt, und wir haben viel miteinander erfahren dürfen. Doch war ich damals auf dem „Trip", dass Ansprüche an den Partner oder gar an Exklusivität und noch schlimmer: Monogamität (damals: *pfui*) für mich absolut untragbar sind. Immerhin war ich ja auf meinem spirituellen Pfad ins Nirwana – da war für weltliche Gefühle kein Platz (Vorsicht: Ironie).

Jedenfalls passte Karin besser zu mir, nun ja, sagen wir: besser zu meinen Konzepten und Absichten. Immerhin wollte auch Karin längst schon mal ein paar Monate Indien bereisen. Und das war auch schon mein Plan bevor ich mich mit Silvana auf eine Beziehung eingelassen hatte. Bei Silvana hatte ich einfach Angst, abermals in Wien hängenzubleiben oder gar noch einmal, dann zum dritten Mal, eine Familie zu gründen. Sie war einfach für mich die Frau zum weltlichen verlieben, Karin hingegen die personifizierte (oder projizierte) „Göttin".

Gesagt getan, ich zog bei Karin ein, und wir begannen unsere Reise nach Indien zu planen – nur mehr ein paar Monate Vorbereitung und berufliche Abschlussarbeiten meinerseits waren erforderlich. Und natürlich das Verkaufen des Autos, das Verschenken all meiner teuren Anzüge, das Aufgeben allen Besitzes und Reduzierung auf einen Rucksack war ebenfalls noch notwendig. Etwas, das ich in meinem Leben später noch mehrmals wiederholen sollte, aber damals das erste Mal lernte: loszulassen mit Freude.

Dazwischen hatten wir das, was mein zweites drogen- und sextechnisch induziertes Gipfelerlebnis wurde: Meine erste Erfahrung mit MDMA[4]. Es war reinstes MDMA was uns besorgt wurde, das Setting war perfekt: Ein paar Tage Kurzurlaub im Burgenland, ein bisschen trommeln zuvor, einen (kleinen aber feinen) Berg besteigen mit Ausblick über den ganzen Neusiedler See.

Und hier oben, völlig allein, taten wir etwas sehr sehr Wichtiges: Wir begannen mit dem Sex BEVOR die Wirkung des MDMA einsetzte. Anders wäre – wie ich danach noch oft erfahren musste – Sex gar nicht möglich gewesen. Weder physisch, noch emotional. Unter Ecstasy ist die Welt „perfekt", das Feeling „perfekt", und man kann sich nicht motivieren am Ist-Zustand etwas zu ändern, wozu auch. Deshalb hat man meist nach Einsetzen der Wirkung keine Motivation, z.B. mit Sex zu beginnen. Die Liebe strömt ohnehin schon über und braucht nicht getoppt werden.

Also waren wir glücklicherweise schon mitten im sexuellen Energierausch, als das MDMA einsetzte. Es war absolut phantastisch. Überströmende Liebe verbunden mit überströmender sexueller Energie. Verbunden auch mit therapeutischen Prozessen; z.B. war da einmal ein Moment, als mein Penis tief in ihr war und ich das Gefühl hatte, als würde er, wenn er noch weiter, noch tiefer bis zum Gebärmuttereingang eindringt, von ihr regelrecht

---

[4] MDMA: Auch als „Ecstasy" bekannt geworden.

„aufgegessen“ werden. Als würde etwas „zuschnappen“. Nicht, dass ich dann den Penis los wäre, nein. Aber doch ein Gefühl, als würde dann etwas passieren, was nicht rückgängig zu machen ist. Als wäre das ein gemeinsamer, vor allem körperlicher Durchbruch, ich weiß nicht wohin. Als würde ab dann die Zeit still stehen. Als wären wir dann für immer vereint. Es war kein unangenehmes Gefühl, eher voller „wow“ und voller unbekannter Möglichkeiten.

Nun, jedenfalls ließen wir beide, oder doch vor allem ich, ein „weiter“ nicht zu. Da war eine Grenze, die zu überschreiten ich damals nicht wagte. Und danach begannen wir halt ganz gewöhnlich zu trippen, wir tanzten nackt am Berg herum, wir schrieen, wir sangen und tobten, Energie war einfach überall, in uns, durch uns, um uns herum.

Die Natur offenbarte ein grandioses Schauspiel und ich fühlte mich nicht *wie*, sondern *als* Gott. Wir bekannten uns unserer Liebe und - zumindest von meiner Seite - unserer Göttlichkeit. Ja, erkannten auch die Göttlichkeit des anderen. Die unmittelbare Göttlichkeit. Nein, nicht Göttlichkeit, Gott selbst. Nein, nicht *ein* Gott, sondern *der* Gott. Versteckt in Menschengestalt. Ja, ich war in jenen Momenten Gott. Zumindest *ihr* Gott. Und endlich glaubte sie mir, wenn ich aus vollem - wenngleich auch mit MDMA gefülltem - Herzen sagte: *„Ich liebe dich“*.

Gleichzeitig wurde die Energie, die „in der Luft lag“, immer stärker. Als wäre die ganze Luft elektrisiert. Wolken zogen sich mächtig über uns zusammen, und ein starkes

Gewitter begann, überall tobten Blitze und Donner und es schüttete in Strömen. In der Mitte stand – nackt - ich, und hatte das pure Gefühl göttlicher Allmacht, all dies kontrollierend und bewusst herbeizaubernd. Erschaffend. Schöpfend. Kreierend. Mächtig und groß wie Zeus. Oder Shiva. Oder wie der germanische Göttervater.

Ja, ich fühlte mich als Gott, nur wusste ich nicht, welcher von all den vielen ich nun war. Damals war ich noch nicht endgültig monotheistisch ausgerichtet. Also war ich halt in meiner inneren Erklärung „irgend so ein geheimes Gottwesen". Ohne zu wissen, wer ich nun wirklich bin.

Karin bekam langsam Angst und flüchtete ins Unterholz und begann zu weinen. Starke Gefühle kamen hoch: Sie hatte ja ihren ersten Mann verloren - er war in einem spirituellen Ausnahmezustand gestorben und man fand ihn mit einem glückseligen Lächeln im Gesicht. Ertrunken oder erstickt in einem nur 30 Zentimeter hohen Schwimmbecken, Todesursache eigentlich: unbekannt.

Nun wollte sie nicht „mich auch noch verlieren", hatte offensichtlich Angst, einer der Blitze könnte mich treffen. Ich stand ja auch genauso da: auf der Ebene des Berges, keine Bäume weit und breit, meine Arme weit ausgestreckt und Halleluja singend oder zumindest denkend, oder meinetwegen zumindest heftig trippend. Also zog ich mich zu ihr ins Unterholz zurück und begleitete sie in ihrem Prozess. Die hochkommende Energie, ausgelöst durch die Droge, schwemmte verdrängte Gefühle und Ängste in ihr mit hoch. Die Muskeln und Zellen erbebten, das, was in ihnen gespeichert war, wurde gelöst und kam an die Oberfläche, aufgestaute Energie wurde freigesetzt, kam ins fließen, unbewusste Körper-Erinnerungen, Blockaden und ewige Verspannungen wurden erlöst bis tief in die Ur-Zellen des Seins. Wir hatten Erfahrung mit solchen Prozessen, wenngleich wir sie bisher nur durch sexuelle Energie und Reich'sche Atemtechniken induzierten.

Der Abstieg, sowohl vom Berg, als auch von der Droge, war schön, ruhig, harmlos und harmonisch. Die nun erheblich leichtere Wirkung der Droge hielt aber noch lange. Die Bäume und Sträucher erblühten in einem Grün wie ich es noch nie gesehen hatte. Alles war voller Leben, voller praller Lebensenergie, plastisch wie nie zuvor. Wir waren in einer gemeinsamen Stille, die keine Worte brauchte, und unsere Augen hielten wortlosen Kontakt. Wir wussten, „wir sind da", ohne zu wissen wo, aber doch im ewigen Raum, leicht abseits der normalen Realität und doch nicht getrennt von ihr.

Ja, und wir sahen die Welt, all die anderen Menschen in ihren Tätigkeiten, in ihrem Tun und alle kamen uns sehr unbewusst und fremdgesteuert vor. So, als hätten sie fast kein Bewusstsein, als würden sie tief schlafen, sich roboterartig automatisch durch ihre Umwelt und ihr Leben bewegen. In unserem Sein war Sprache nicht nötig, wir kommunizierten absolut wortlos in der Stille des Augenblicks. Ein Heuriger[5], etwas Essen – himmlisches Essen. Wir waren einfach hier und jetzt. Hier und Jetzt wie nie

---

[5] Heuriger = In Österreich ein Gasthaus mit Gastgarten, wo bevorzugt in geselligem Zusammensein Wein getrunken und gespeist wird.

zuvor, in vollkommener Einheit mit dem Ganzen und der gesamten Schöpfung. Nunja, vielleicht nicht gleich die ganze Schöpfung, aber zumindest mit dem Raum in dem wir waren, in dem wir uns bewegten. Zumindest der Garten, in dem wir saßen ... – die gewöhnliche Umgebung halt. Und letztendlich waren wir vielleicht auch „nur" Eins mit uns Selbst...

Einige Wochen später ist mir mit Karin etwas sehr merkwürdiges passiert: Auf unserer Abschlussparty, ich nannte sie „Sterbe-Party" weil ich davon ausging, dass der, der nach Indien ging, nicht mehr zurückkommen würde (was ja dann gewissermaßen auch der Fall war), trank ich reichlich und nahm dann mit Freunden erstmals etwas „Speed" zu mir. Eine Droge, die ich danach, soweit ich mich erinnere, nie mehr nahm. Hatte sie doch nicht die Wirkung, die mir versprochen wurde: Absolute Nüchternheit vom Alkoholrausch. Und das, obwohl ich sie mit MDMA und einer kleinen Dosis Kokain mischte. Nach diesem Satz ist der Leser vielleicht geneigt, hier ein Buch von einem richtig typischen Drogenjunkie in der Hand zu halten. Dem ist nicht so. Das war mein zweites Kokain, und alle Kokainkonsumationen meines Lebens kann ich an einer Hand abzählen. Aber ja, damals lebte ich neugierig und intensiv. Vor allem neugierig nach dieser „anderen Welt", dieser „Parallelwelt". Und ich möchte in diesem Buch auch davon nichts zurückhalten.

Nun, nachdem dieses Gemisch einsetzte, ging ich etwas abseits herum und traf Karin. Sie hatte keine einzige Droge genommen, und trotzdem war sie „DA". Genau an dem

Ort, an dem ich auch war. In eben dieser – für mich damals – „Parallelwelt“, die ich nur von den wenigen Drogentrips her kannte. Ich sagte erstaunt: *„Hey, du bist DA, du bist ja auch DA.“*. Und sie sagte, fast nebenbei: *„Ja, ich bin immer DA“*. Das erschütterte mich, habe ich aber in letzter Konsequenz damals nicht verstanden.

Nach dem Tod ihres Mannes war Karin mindestens ein halbes Jahr lang in einem Ausnahmezustand. Das Leben war leicht und sie „schwebte“ durchs Leben. So hatte sie es mir zumindest in Mexiko bei unserem Tantraseminar einmal erklärt. Keiner hatte verstanden, warum sie damals als frisch gebackene Witwe nicht in tiefer Trauer war. Sie kannte das Geheimnis, konnte und wollte es aber nicht kommunizieren. Auch mir gegenüber sagte sie erst viel viel später, dass sie in dieser Zeit, ja, man könnte es so nennen, in einer Art „Satori“[6] war. Es war zwar noch keine endgültige Erleuchtung (eigentlich fehlte nur die Gewissheit, dass DAS eben DAS ist...), aber ja, sie war mir jedenfalls weit weit „voraus“.

Und dieses Voraus-Sein passte halt so gar nicht in mein Konzept. Denn eigentlich wollte ich derjenige sein, der voraus ging. Also habe ich diesen Umstand fortan möglichst ignoriert und erinnerte mich lieber meiner eigenen Göttlichkeit damals am Berg.

Das zuvor beschriebene Erlebnis auf diesem Berg und die Ruhe und Harmonie der darauffolgenden Tage, ja

---

[6] Satori: im Zen-Buddhismus Bezeichnung für (zumindest vorübergehendes) spirituelles Erwachen

selbst die Liebe und Verliebtheit die wir damals empfanden, haben wir danach, gemeinsam, nie mehr wieder gefunden. Auch nicht mit Hilfe von Drogen. Alleine: Ja. Alleine sind wir jeder noch viel weiter gegangen, aber was das Gemeinsame betrifft war damals unser Höhepunkt. Und selbst auf dieser Abschlussparty konnte sie mein wiederholt und aus voller Brust gestammeltes „Ich liebe Dich" schon lange nicht mehr hören.

Meditation in den Bergen

Ankunft in Indien

Einige Wochen nach pauschaler Verabschiedung aller Freunde fanden wir uns also nach einem kurzen Zubringerflug von Wien nach Frankfurt endlich im Flieger Richtung Indien wieder. Sechs Monate waren eingeplant, bis dahin war mein längster Auslandsaufenthalt gerade mal 3 Wochen. Alles hatte ich verkauft oder verschenkt, mich auf einen Rucksack reduziert, und jetzt dieses große Abenteuer. Einmal richtig Abstand haben, vom Trubel, von der Leistungsgesellschaft, von der westlichen Welt. Eintauchen in ein anderes Land, eine andere Kultur. Eine andere Art des Lebens.

Beladen mit einem ganzen Rucksack voller Hoffnungen, Erwartungen, Vorstellungen. Einiges sollte auch so werden, wie erhofft, wie erwartet, wie vorgestellt. Anderes sollte dies bei weitem übertreffen, der Eintritt in das Unbekannte, das nicht Hoffbare, das nicht Erwartbare, das nicht Vorstellbare. Anderes sollte uns enttäuschen. Ent-Täuschen. Die Täuschung nehmen. All die kleinen Täuschungen, und auch die große Täuschung, die man „Maya“ nennt.

Indien ist ein Kontinent, sagt man. Nicht einfach nur ein Land. Das zeigt sich schon allein sprachlich, ein Haufen offizieller Sprachen, ein noch viel größerer Haufen von Dialekten, der Norden dem Süden nicht nur geografisch, sondern vor allem auch kulturell, sprachlich, kulinarisch so weit entfernt wie Norwegen von Griechenland, und der

Westen dem Osten so weit wie Spanien und die Ukraine. Das hat natürlich auch positive Auswirkungen auf unser Kommunikationsvermögen, ist doch Englisch die Sprache, mit der sich auch Inder untereinander unterhalten können und das auch tun, weil sie es sonst oft gar nicht könnten.

Der Flug war anstrengend, und meine Flugangst machte Karin schwer zu schaffen. Sie wollte einen starken festen Mann und Partner zum Anlehnen, der konnte ich nicht sein, der war ich nicht und das war bitter. Der starke Gewittergott vom Berg ein ängstliches Häufchen Elend zehntausend Meter über festem Boden. Frau will Frau sein, Frau will fallen, Frau will gehalten werden – da passt so ein Angsthase nicht ins Konzept. Dementsprechend war ihre Laune und sie zog sich schlafend in die letzte Reihe des Fliegers zurück. Und dementsprechend vergingen die 8 Stunden wie im Flug: sie dauerten also ewig lange ;-)

Da waren wir also nun.... Bombay. Oder neuerdings auch Mumbai genannt. Ein heißer Schlag von feuchter Luft... ahhhhh, durchatmen. Ich liebe das. Die Tropen. Diese Feuchte. Die Hitze. Das Schwüle. Den Gestank. Ein alter Flughafen, alte Bauten – ein anderes Land. Endlich. Raus aus der Zivilisation.

Bombays Slums gaben uns einen ersten Eindruck von Indien: Wir kamen in der Nacht an, das Taxi fuhr fast zwei Stunden quer durch die Stadt, überall Menschen schlafend auf den Gehsteigen. Müll und Gestank. Armut pur. Nichts von den bunten Saris, von den tollen Früchten, den vielen bunten Tüchern, den duftenden Räucherstäbchen die wir in unseren Tantra-Seminaren verwendet hatten, um möglichst eine „indische" Atmosphäre zu schaffen. Das war ein anderes Indien, ein ganz anderes Indien. Kein Improvisiertes, Vorgestelltes, Idealisiertes, sondern ein Reales. Eben Indien.

Gut, wir wollten ohnehin gleich direkt nach Poona[7]. Viele andere Teilnehmer unserer Seminare und Gruppen waren Osho[8]- Sannyasin[9] und uns erschien der Ort – zumindest in den Hochglanz-Prospekten die nach Europa geschickt wurden – wie ein einziges Paradies. Meditationshallen, Selbsterfahrungsgruppen, psychospirituelle Seminare – alles was unser Herz begehrte. Tropische Zen-Gärten, vegetarische Vollwertkost, Tanz, Freude, Begegnung, Liebe… und, ähm: Sex. Und nicht zuletzt: Das Gefühl wo dazuzugehören, Gemeinschaft.

Gesagt, getan, fuhren wir mit besagtem Taxi eben quer durch Bombay zum entsprechenden Bahnhof, ein Zug war schnell gefunden, und ohne große Wartezeiten waren wir weiter unterwegs Richtung Poona. Vier oder fünf Stunden Bahnfahrt, die letzte Etappe dieser langen Anreise. Am frühen Morgen waren wir nun am ersten Ort unserer Träume, und zuallererst ließen wir uns natürlich kräftig

---

[7] Poona: Auch ‚Pune', Millionenstadt in Indien, fünf Bahnstunden von Bombay, Heimat des Osho-Ashrams.

[8] Osho: Früher (in den 70ern): Bhagwan. Sektengründer, Rolls-Besitzer, Tantra-Meister, Mystiker, spiritueller Lehrer. Noch früher (in den 50ern und 60ern) Student und später Professor für Philosophie an der Universität Jabalpur.

[9] Sannyasin: Bezeichnung für „Jünger", aber auch für jemanden, der den spirituellen Pfad geht bzw. sich dem weltlichen Leben entzieht.

abzocken, denn wenn eine Taxifahrt zwei Euro kostet, und man handelt auf einen Euro runter, dann freut man sich. Vor allem, wenn man nicht weiß, dass der Normalpreis 20 Cent ausmacht. Und man freut sich über ein Quartier, ein Doppelzimmer mit Dusche und Klo für spottbillige 7 oder 10 Euro die Nacht – und erfährt eben erst in den nächsten Tagen, dass so ein Quartier überall für 3 Euro zu haben ist.

Nun, dieses Lehrgeld waren wir bereit zu zahlen und es tat nicht weh. Nach drei Tagen hatten sich die Verhältnisse normalisiert. Wir waren im Ashram eingecheckt, hatten uns rote Roben gekauft, in doppelter Ausführung, rote Unterwäsche, rote T-Shirts, rote Schals. Waren also zumindest äußerlich korrekt „uniformiert" – nebst frisch absolviertem Aids-Test, der dort Pflicht ist, durften wir uns nun also anschauen, was jedes Jahr tausende Westler in dieses Ressort treibt.

Und es war, wie im Hochglanz-Prospekt versprochen, ja, tatsächlich und ohne Übertreibung. Wunderschön gestaltet, viele liebe nette offene hübsche sexy geile - und auch manch notgeile - Menschen. Aber auch freudvolle, traurige, weinende, sich ärgernde, wütende, in sich gekehrte, nicht kommunizierende, meditierende, bei sich seiende, herumhüpfende, tanzende, lachende, flirtende, umarmende, laufende, stehende, sitzende, liegende ... Menschen. Menschen. Noch mehr Menschen. Menschen. Seelen. Personen. Nicht-Personen. Wandelnde. Schwebende. Gekrümmte. Alte. Junge. Menschen. Noch mehr Menschen.

Weise und Dumme. Durchgeknallte und …. Normale? Nein, normale Menschen habe ich dort nicht getroffen. *g*

Eine Unmenge von Angeboten, Neo-Tai Chi, Neo-Tantra, Neo-Reiki, Neo dies und Neo das. Osho hatte seinen Therapeuten und Gruppenleitern vorgegeben, dass mit ihm alles neu sein müsse. Alte Traditionen aufgelockert, mit nicht identifiziertem Bewusstsein gewürzt, wurde aus ernsthaften spirituellen Übungen ein „so tun als ob"… allerdings auf allerhöchstem Niveau. Das muss man zugeben, ich habe dort einige Lehrer kennengelernt, und sie waren in ihrem Gebiet jeweils durchaus Koryphäen.

Nun, was das Gemeinschaftsgefühl betraf: Wollte dies nicht wirklich in uns aufkommen. Wir nahmen zwar an einem kleinen, viertägigen (Neo-)QiGong[10]-Seminar teil, aber an diesem Ort von fast 100 Prozent Singles mit gelebter und eigentlich schon dogmatisierter Polygamität konnten wir uns einfach nicht fallen lassen. Oder zumindest ich konnte es nicht. Ich war rasend eifersüchtig, eifersüchtig auf all die Offenheit, mit der Andere uns zu begegnen suchten, nun ja, vor allem mit der andere Männer Karin zu begegnen suchten. Zumindest in meinen Angst-Fantasien. Oder auch nicht Angst-Fantasien. „Zweier-Beziehung" schien dort jedenfalls so passend zu sein wie ein Kühlschrank in der Antarktis. Und so „in" und „hipp" wie ein Businessanzug auf einer FKK-Party.

Irgendwie projizierte ich all meine Göttinnenträume und all meine „das perfekte tantrische Paar" – Spiri-

---

[10] QiGong – chinesische Bewegungs- und Energielehre, ähnlich Tai Chi

Romantik in diese Beziehung. Teilen? Unmöglich. Nur wenige Monate zuvor war ich noch das genaue Gegenteil. Seit Jahren „stolzer, eifersuchtsfreier Tantriker" - bei Silvana grenzenlos tolerant, Eifersucht hatte für mich nur mit Besitzdenken und Verlustängsten zu tun (und nichts mit Liebe), und nun das. Nun ja, ich wollte ja der Meister in Karins künftigen Ashram sein ... – Konkurrenz: ausgeschlossen. So spielt eben das Leben. Erreichtes zerrinnt in den Fingern sobald man es festzuhalten versucht.

Wir meldeten uns noch für ein tantrisches Paar-Seminar an. Es hieß, und das war typisch für Poona und typisch für „Meditierende": *‚Staying alone together'* (frei übersetzt: „Bei sich bleiben auch wenn man physisch zusammen ist"). Es ging also darum, während man physisch zusammen ist sein eigenes (inneres) Zentrum nicht zu verlassen. Also nicht so sehr in den Partner, nicht so sehr in das Außen zu gehen, authentisch im Selbst zu bleiben, sich nicht im Partner zu verlieren.

Nun, gut und schön, aber auch das war so gar nicht nach meinem damaligen Geschmack. Ich wollte mich ja eher im Gegenteil voll und ganz in Karin verlieren, ich war verliebt, ich wollte in dieser Liebe aufgehen. Dass von ihrer Seite nicht dieselben Motivationen vorhanden waren, sah ich als einen Irrtum der Natur, als eine psychische Schwäche ihrerseits, als ein sich nicht Einlassen können. Somit als Defizit, das es zu heilen und auszugleichen galt. Ich war mir in meinen Irrtümern sehr sicher. Ja, ich hätte aus dem Stand jederzeit ein Konzept für ein „romantisches Gegenseminar" „staying together alone" (frei übersetzt: „Geistige

Verbundenheit auch bei physischer Trennung") kreieren können.

Heute weiß ich: Beides ist wahr, beides ist okay zu seiner Zeit, mit den jeweils richtigen Partnern, es gibt da einfach kein ‚Richtig' und kein ‚Falsch'. Und Konzepte sind ja sehr oft nicht unbedingt das, was das Leben spielt, sondern bisweilen nur romantische oder logisch-stimmige Vorstellungen.

Frisch in Indien

Ab in den Norden

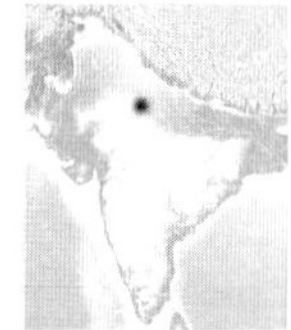

Es war klar, dieses Seminar konnten wir nicht gemeinsam machen, und so beschlossen wir nach etwas mehr als drei Wochen Poona nach Norden weiterzuziehen. Ursprünglich hatten wir vor hauptsächlich Südindien zu bereisen und die nächste Station wäre Goa gewesen, also Meer und tropische Strände, doch da wir ja unbedingt schon Mitte des Jahres aufbrechen mussten, haben wir ein wenig übersehen, dass im August Südindien und ganz besonders auch Goa von schweren Monsun-Regenfällen heimgesucht wird. Deshalb musste dieser Traum nun vorerst aufgeschoben werden und es zog uns nach Norden. Und da es schon am Weg lag, besuchten wir den berühmten Grab-Palast Taj Mahal[11] in Agra, etwas westlich von Delhi gelegen.

Agra war wieder eine typisch indische Stadt. Nein, sie war noch typischer als indisch: sie war eine typische indische Touristenstadt. Soll heißen: Nepp pur. Die Taxifahrer sind kaum zu bewegen, auf der Route zu bleiben, kleine „Abkürzungen“ mit zwei Stunden Umweg durch ein paar Teppichgeschäfte (zum Provisions-finanziellen Wohl der Taxifahrer) sind die Regel. Dafür lernt man auch gleich deren Familie kennen und alle erwarten großzügiges Trinkgeld und Geschenke. Gut, wenigstens wirklich günstiges Marihuana hat er uns besorgt. Nachdem Poona so

---

[11] Taj Mahal: Grabmal (Mausoleum) einer Herrschergattin; indisches Weltwunder an Architektur.

‚spirituell & korrekt' war, war dies für mich wieder eine willkommene hippiemässige Abwechslung.

Heutzutage ist der Nepp staatlich genehmigt. Westliche Touristen zahlen um mehrere 1000 Prozentpunkte höheren Eintritt in den Taj Mahal als Inder. Damals durften wir aber noch brav in der gewöhnlichen Warteschlange stehen und indischen Eintritt bezahlen. Karin kaufte sich einen Sari und fühlte sich alsbald als halbe Inderin – irgendwie war mit ihren blonden Haaren und dem edlen, seidigen Stoff das Bild aber doch etwas albern.

Tja, und wiederholte - natürlich nicht angenommene - Angebote unsere Reiseversicherung zu betrügen gab es auch. Einfach ein paar Tage krank schreiben, man erhält dann freie Kost und Logis, vielleicht noch ein Taschengeld und der Arzt kassiert das Geld von der Versicherung. Pech, wenn es die Versicherung in Europa dann zurückverlangt, wie ich von manchen hörte. Pech auch, wenn der Krankheit für unwillige Versicherungsbetrüger ein bisschen nachgeholfen wird, z.B. durch vergiftetes Essen im Hotel.

Aus diesen und anderen Gründen war uns Agra gerade mal vier Tage wert. Aber ich erinnere mich an ein wirklich köstliches indisches Mahl in einem Luxusrestaurant (natürlich exklusiv für Touristen) - und nein, das Essen war auch nicht vergiftet sondern tatsächlich außergewöhnlich schmackhaft und luxuriös, man fühlte sich tatsächlich schon halb als Maharaja[12].

---

[12] Maharaja: indischer Adelstitel: Großer (maha) König (raja)

In Agra trafen wir nach Vermittlung durch einen Teppichhändler auch auf einen stadtbekannten Yogi, der außergewöhnliche Bewusstseinszustände kannte und einen Laden besaß. Dieser war nicht gut beleuchtet, und so kauften wir einen Wandteppich um stolze 100 Euro. Woanders kauft man ähnliche Werke um ein Zehntel des Preises, aber er war angeblich schon über 20 Jahre alt (...) (was für diese Art von Wandteppichen ein außergewöhnlich hohes Alter sei) und entweder besitzt Karin jetzt eine wirklich einzigartige mystische Rarität, oder ein Ladenbesitzer in Agra konnte für einen Monat seinen Laden dicht machen und feiern gehen. Ich wünsche ihr ersteres, denn nach unserer Trennung nahm ich die gemeinsame Kamera und sie das Wandbild. (Sie war trotzdem die Klügere, denn die Kamera wurde ein paar Monate später gestohlen ...).

Rishikesh, Welthauptstadt des Yoga

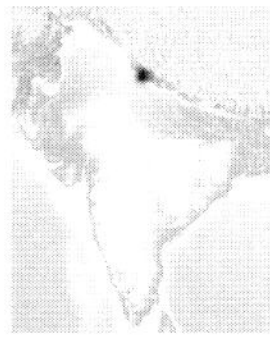

Nun, nach den vier Tagen Agra ging es via Delhi, weiterer langer Zugreise und schließlich dem Bus weiter zur Hauptstadt des Yoga: Rishikesh am oberen Ganges.

Schon die Beatles waren hier, und so war ich sicher, hier einen Yogi anzutreffen, der uns doch endlich mal ein bisschen fortgeschrittene Techniken lehren könnte.

Noch in Delhi trafen wir zufällig am Bahnhof auf einen Mann, der uns von solch einem besonderen Yogi erzählte. Er hätte keinen typischen touristisch angedachten „Hotel-Ashram" wie in Rishikesh seit den 60er-Jahren üblich, sondern einen kleinen, feinen, eher versteckten und abseits gelegenen Ashram. Dennoch direkt am Ganges, wo es vorwiegend eigentlich ‚nur' darum ging, Arme, Bettler und Krüppel zu füttern, also eine Art Sozialdienst, unterstützt von Staat und edlen Spendern (deren einer eben jene Zufallsbekanntschaft aus Delhi war…).

Es war dann in Rishikesh gar nicht so leicht, diesen Ashram zu finden. Wir hatten nicht mehr, als den Namen eines ehemaligen örtlichen Polizeichefs, und die Info, dass dieser nun seine Pension durch Vermietung von Gästezimmern aufbessern würde, und dessen Adresse wäre dann gleich in der Nähe dieses Yogis und der Polizeichef könne uns dann Näheres sagen.

Nachdem einige Taxifahrer nicht wussten, von wem wir sprechen und wir erstmal schwer mit unseren Rucksäcken beladen eher ziellos durch Rishikesh trampelten, reichte es irgendwann und an einer der Brücken über den Ganges blieb ich stehen und bekam einen Verzweiflungs- und Wutanfall.

Nunja, sagen wir einen ‚authentischen Kraft-Schub', das klingt irgendwie schöner und spiritueller. Ich ‚kam also in meine Kraft', und flugs, war da auch schon jemand, der uns bereitwillig die genaue Adresse nennen konnte, zufällig, so, als würden wir tatsächlich irgendwelchen Wundern und Spuren folgen, als wäre der Weg vorgezeichnet, verlangt eben nur die ‚richtige' authentische Reaktion statt irgendeines höflich tuenden Maskengesichtes. Ganz in der Tradition der guten alten Celestine[13].

Durch eine Reihe von Zufällen fanden wir also diese Besonderheit: Abseits, kein richtiger Ashram, sondern wie angekündigt eine Verköstigungsstelle für Arme, ein soziales Werk also, und der Yogi war, wie wir ebenfalls schon vorab informiert waren, ein Meister des Kechari-Mudra:

In höchster Vollendung wird dabei die Zunge hinten im Rachen nach oben geführt, und dies soll einen Samadhiartigen Zustand auslösen, möglicherweise durch den Druck auf bestimmte Drüsen im oberen Rachenraum. Als er uns diese Technik demonstrierte, wäre er wirklich fast auf der Stelle umgefallen. Erreicht wird diese Kunst allerdings durch eine unangenehme Verstümmelung (Durch-

---

[13] Seitenhieb auf den Roman „Die Prophezeiungen von Celestine".

trennung) des unteren Zungenhäutchens, das über Monate hinweg täglich mit einer Rasierklinge fein beschnitten wird und mit Salz berieben, damit die Wunde nicht heilen kann. Dadurch, und durch weitere Dehnung der Zunge ist es dann möglich, die Zunge eben im hinteren Rachen hochzustülpen. Geschmackssache.

Nun, ich war dem nicht ganz abgeneigt, aber der Yogi prahlte damit, seit 20 Jahren keine Frau mehr berührt zu haben und das widersprach wiederum unseren tantrischen Gedanken. Zudem wollte er mir von Kundalini-Yoga nichts preisgeben. *„Kundalini ist der höchste Berg des Yoga"*, sprach er ehrfurchtsvoll, worauf ich mit *„ich möchte eben die höchsten Berge erklimmen"* antwortete. Aber, nun ja, er war eben ein Hatha-Yogi und wollte, dass ich zuerst brav jahrelang Hatha-Yoga[14] übe (*‚du musst mit den kleinen Bergen beginnen'*). Ein jeder Yogi hält sein Yoga für das Beste. Ich wollte aber eben hoch hinaus, und dafür hatte ich nicht jahrelang Zeit eingeplant.

Zudem hielt ich mich nach jahrelanger Praxis in Europa selbst schon fortgeschritten genug für höhere Weihen, er hatte mich also mitten in mein Ego-Herz getroffen, schönspirituell heißt das ‚er konnte mich nicht sehen'. Oder er hatte von Kundalini keine Ahnung. Da das Leben perfekt spielt, gehe ich von allen Dreien aus.

---

[14] Hatha-Yoga: Jenes Yoga, das im Westen am Bekanntesten ist und oft generell mit Yoga-an-sich gleichgesetzt/verwechselt wird: Eben die bekannten Verrenkungs- und Körperübungen.

Und die Geschichte, dass sein Lehrer im Himalaya lebt und 1750 geboren wurde hat mich unentschieden zurückgelassen, zweifelnd, ob dieser Yogi nun einer der ganz großen Meister sei, oder doch nur ein Prahlhans. Und für unentschiedene Geschichten fehlte mir sowohl Vertrauen als auch Motivation. Jedenfalls hat er uns noch ein ‚Bleiberecht auf Lebenszeit' angeboten, inklusive Zimmer und Verpflegung, für läppische 5000 Rupees, was heute weniger als 100 Euro sind.... – aber auch hier war ich unentschieden zwischen ‚Angebot des Lebens' und ‚Vielleicht will er ja doch nur Geld von uns'.

Dies sollte sich im Laufe der Reise noch einige Male wiederholen: Extrem tolle und verlockende Angebote, bei denen ich mich aber dann wirklich völlig für eine Sache entscheiden und andere Optionen hätte aufgeben müssen. Doch trieb es mich immer weiter, einfach immer weiter... - ohne wirklich stehen zu bleiben oder stehen bleiben zu wollen oder stehen bleiben zu können. Oder zu dürfen. Oder überhaupt zu sollen. Träume standen kurz vor ihrer Erfüllung, und jedes Mal, wenn es so weit war... - zog ich entweder den Schwanz ein, oder wollte mehr, oder war es eine Angst, oder auch nur eine Ahnung? Vielleicht die stumme Ahnung, dass die Erfüllung aller Träume das Ende des Traums bedeuten könnte? Und was dann?

Oder doch nur die instinktive Ablehnung von Verlockungen und leeren Versprechungen ??

Jedenfalls waren wir in Rishikesh, und da war nebst alldem auch immerhin noch ein toller Fluss, und wenn er auch heilig war, so konnte man an diesem Ort wirklich herrlich im Ganges baden. Frisch von den Bergen kam das Wasser, kristallklar, gerade nicht mehr wild herunterstürzend, sondern bereits sanft das Fließen beginnend, die Ufer gesäumt von unzähligen Sadhus[15], die hier ihre meist morgendlichen Yoga- und Reinigungsübungen machten. Viele über 80-Jährige mit Körperbau und Fitness von Jünglingen.

Wir genossen also weiter den Ort und den Fluss, gingen oft an seinen Bänken schwimmen, sonnenbaden, meditieren, schauen, einfach sein oder auch ab und an gut essen.

Rishikesh war auch der Ort an dem Karin und ich (nunja, vorrangig war es Karin) erstmal beschlossen, unsere Beziehung vorerst mal auf Eis zu legen und zumindest temporär den Status auf „Freundschaft" runterzustufen, um unsere Streitkultur, ausgelöst durch unerfüllte neoromantische Spiri-Träume zumindest einigermaßen in den Griff zu bekommen.

Notgedrungen habe ich mich dem gefügt, wenn auch mit innerem Widerspruch und wenn auch mit einer gehörigen Portion Hoffnung nach dem Motto „aufgeschoben sei nicht aufgehoben". Dass es aber tatsächlich eigentlich

---

[15] Sadhu: Indische Asketen, Heilige, Wandermönche. Ziehen bettelnd auf ihren Pilgerreisen umher, meist zu Fuß quer durch Indien, meist erst ab 50 nach dem Ende des Berufslebens, alles hinter sich lassend, oft auch Gelehrte, Philosophen, Ex-Manager, Universitätsprofessoren mit Kenntnissen von Latein, Altgriechisch, Mathematik, Astrophysik... - alles kennengelernt und bestaunt.

schon aufgehoben war, musste ich später schrittweise und bitter erkennen. Wieder mal eine Unterweisung nach dem Motto „Jetzt oder Nie".

Nun gut, jedenfalls alles Gründe die Yogastadt der Beatles nach zehn Tagen wieder zu verlassen. Es dürstete uns mehr und mehr nach Meer! Und Sonne! Und Strand! Und Leben genießen! Nach Dekadenz und mit einem Wort: Nach Urlaub.

Und so beschlossen wir, Richtung Orissa an der Ostküste aufzubrechen, denn natürlich war Goa und der Süden Indiens noch allesamt mitten im Monsun und Orissa klang einfach unverschämt unbekannt.

Am Ganges in Rishikesh

Ganges, Rishikesh

Varanasi, die ewige Stadt am Ganges

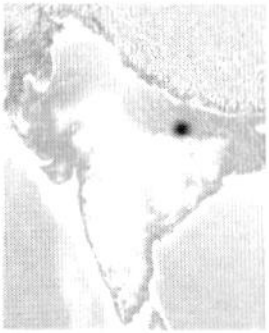

Nun, da waren wir also auf dem Weg zum Meer, endlich Meer, endlich Sand, endlich baden, endlich tropische Ansichtskartenträume erfüllen! Wenn nicht der Weg von Rishikesh nach Orissa[16] alleine mit der Bahn locker 60 bis 70 Stunden dauern würde. Ja, Indien ist groß, gleicht einem Kontinent, und die alte englische Eisenbahn ist nicht nur oft überfüllt, sondern auch langsam.

Also suchten wir auf der Karte einen Ort, wo es sich lohnen könnte, ein paar Tage Zwischenhalt zu machen. Karin schlug Varanasi[17] vor, ich hatte tatsächlich noch nicht viel von dieser Stadt gehört, und in unserem eher recht dürftigen Reiseführer stand halt irgendetwas von wegen „Verbrennungen“ und „für Hindus ganz heilige Stadt“. Letztlich war es aber nur die Tatsache, dass diese im Wes-

---

[16] Orissa: Indischer Staat an der Ostküste, unterhalb Bengalen.

[17] Varanasi: Heiliger indischer Ort, früher „Benares“. Wurde schon in den Veden (heilige indische Schriften) erwähnt. Ort des Lichts, Ort von Shiva, Ort des Lebens und Ort des Todes. Viele Inder pilgern zum Sterben nach Varanasi, um an den Ghats zum Ganges verbrannt zu werden und ihre Asche dem heiligen Fluss anzuvertrauen. Sie erhoffen sich dadurch einen direkten Weg ins Nirwana und somit ein Ende des Rads der Wiedergeburten. Bekannt ist Varanasi auch, da in unmittelbarer Nähe Buddha seine ersten Lehrreden hielt (in Sarnath, einem der größten buddhistischen Wallfahrtsorte), und schon damals, also vor 2500 Jahren, war Varanasi als heilige Stadt des Lichts bekannt. Sie ist gleichzeitig auch ein Hauptort der klassischen indischen Musik und Kunst, der Bildung (größte Hindi-Universität Indiens), sowie bekannt für ihre edlen Saris aus reiner Seide.

ten weitgehend unbekannte Blüte spiritueller Vergangenheit einfach zufällig in der Mitte unseres Weges nach Orissa lag, was uns veranlasste, dort zu halten oder dies zumindest in Erwägung zu ziehen.

Aber auch noch eine andere kleine Begebenheit, die vor unserer Reise passierte, erinnerte uns plötzlich an diese Stadt:

In Österreich hatten wir einige Wochen vor unserer Abreise noch ein Open-Air Musik-Festival in Wiesen[18] besucht, bekannt für seine tagelangen Jazz-, Reggae- und Worldmusik-Festivals. Ein Ort mit meist süßlichem Duft und Rauch in der Luft (...), mit indischen Snacks, mit Zelten und Lagerfeuer, Trommeln und Didgeridoos. Und dort, auf der Bühne, mitten im Burgenland, spielte ein gar nicht so alter Inder grandios die Tabla[19], ein Instrument (manche halten sie gar für eine „Trommel") das ich noch nie bewusst hörte und dessen Klänge mich verzauberten und überraschten. Nach seinem Auftritt gab er uns seine indische Visitenkarte und meinte, wir sollten ihn doch auf unserer Reise besuchen.

Tja, und irgendwann erinnerten wir uns dieser Visitenkarte und da stand klar und deutlich: ‚Varanasi'. „Aha. Perfekt, okay, dann besuchen wir ihn mal und sagen nur schnell mal ‚Hallo'".

Zwei Tage wollten wir bleiben. Doch aus zwei Tagen wurden zwei Monate, und ich habe mich in diese Stadt, in

---

[18] Wiesen: Ortschaft in Österreich; bekannt durch diverse Musikfestivals.

[19] Tabla: Indisches rhythmisches Musikinstrument

deren Nähe schon Buddha vor mehr als 2500 Jahren predigte, durch die er gewandelt war, die damals schon als „antik“ und „uralt“ und religiöses Zentrum Indiens galt, fast auf den ersten Blick und letztlich unsterblich verliebt. Noch immer erzeugt allein der Klang ihres Namens wohlige Gefühle in mir, romantisch verklärte Gedanken an eine andere Zeit, ja an ein anderes Jahrhundert, an ein anderes Zeitalter.

Doch alles der Reihe nach:

Da waren wir also nun: Varanasi, die heilige Stadt Shivas, die Stadt des Lichts und die Stadt des Todes. Dort, wo Hindus zum Sterben hinfahren, um die letzte Chance für Nirwana zu nutzen, dort, wo heilige Blitze den Himmel zum Leuchten bringen, ein Leuchten, das ich noch nirgendwo sonst derart fantastisch wahrgenommen hatte, das weltfremd war, wie ein anderer Planet, wie Ufos, die jederzeit hinter den Wolken hervorkommen könnten. Dort, wo Menschenmassen allmorgendlich rituell im Ganges ihr Bad nehmen, wo Kinder in Parks Drachen steigen lassen, so, wie wir es im Westen kennen, wo enge alte Gassen mittelalterliches Flair verbreiten, wo eine große Universität, ja die überhaupt größte Hindu-Universität residiert, mit prächtigen Gärten und Tempeln.

Die Stadt der „Varanasi-Seide“, begehrtester Stoff für den Hochzeits-Sari in ganz Indien; die Stadt der klassischen indischen Musik, Heimat großer Komponisten und Musiker. Sitar, Flöten, Tablas. Konzerte. Leben in den Straßen, kleine Menschen mit der Durchschnittsgröße eines bei uns vielleicht 13 oder 14-Jährigen. Die Stadt, die für so vieles bekannt ist und für so vieles unbekannt bleibt. Die Stadt am Ganges, mit Flussdelfinen, lebend, und Flusskühen, tot an der Oberfläche treibend. Und manchmal auch ein schwimmender verkohlter Menschenteil, wenn sich die Familie eines Verstorbenen nicht genug Holz für die Verbrennung leisten konnte.

Und eben eine Stadt, die aus zwei Tagen locker mal zwei Monate macht, einfach auch deshalb, weil man in dieser Stadt weder selbst bestimmt, wann man kommt, noch, wann man geht.

Und es begann…

...beim Tablaspieler.

Nach unserer Ankunft ließen wir uns erst mal in einem beliebigen, von einem Taxifahrer empfohlenen Hotel nieder, am nächsten Tag suchten wir unseren neuen Freund auf, und nach wenigen Minuten und seinem Angebot war klar, ich möchte ebenfalls dieses alte klassische Instrument erlernen. Nun, erlernen ist dabei wohl übertrieben. Er, der Lehrer, war zwar etwas jünger als ich, doch hatte er schon fast 30 Jahre Tablaspiel in seinen Fingern, täglich im Schnitt 8 Stunden.

Er war nicht nur ein begnadeter Künstler, nein, er hatte auch einen Preis dafür zu bezahlen: Der rechte Ringfinger, der beim Spiel meist immer auf der Schlagfläche ruht, war ein ganzes Fingerglied verkürzt. Verstümmelt sozusagen... - ein hoher Preis für exzessives Training seit Kindheitstagen.

Mir war zwar klar, dass ich mein Leben lang nicht diese Perfektion, nichtmal einen Teil dieser Perfektion erreichen würde, aber wer kennt oder gar spielt in Europa schon Tabla? So rechnete ich mir doch aus, zu Hause vielleicht, mit viel Übung, doch den Einen oder Anderen meiner Bekannten beeindrucken zu können. Was mir nicht klar war: dass diese beiden Welten, dieses Indien und dieses „zu Hause“ entfernter nicht sein könnten. Nicht geografisch, vielmehr kulturell, spirituell, psychisch, geistig, esoterisch, ja, man könnte glatt auch von einem gänzlich anderen Planeten oder Jahrhundert sprechen.

Einen kleinen Teil war ich in dieses Indien schon eingetaucht, und dass sich zu Hause wohl niemand für Tabla interessieren würde, konnte ich mir nicht mehr vorstellen. Für die zu Hause Gebliebenen war es wohl so, als würde ich nur einen verlängerten Urlaub machen. Eine Reise. So, wie alle reisen. Vorgebucht, vielleicht mit Club und Animation. Das tat ich früher auch – aber Länder und Sitten hatte ich dadurch keine kennengelernt. Nein, in all meinen Reisen zuvor war es zwar auch schön warm, die Sonne schien, ein Meer war da – aber im Wesentlichen befand ich mich immer mittendrin in Mitteleuropa, hatte die Heimat, die Lebensart nie wirklich verlassen.

Hier war das anders und ich merkte es noch nicht einmal. Es geht so langsam, so selbstverständlich, so subtil und unscheinbar. Man entfernt sich immer mehr, täglich nur ganz wenige, unscheinbare seelische Millimeter – und kehrt man dann nach Monaten zurück, hat man in Summe sich selbst um 180 Grad gedreht und auf den Kopf gestellt, und dies oft nicht nur einmal, sondern mehrfach durch die Mangel genommen. Ausgespuckt, wieder eingesammelt, zerteilt, wieder zusammengesetzt, etwas Salz hier, etwas Pfeffer da, dort ein Stück zurückgelassen, weggeschnitten, leerer. Und schon ist man nicht nur ein neuer Mensch, sondern hat gleich mehrere Persönlichkeiten durchlebt, eingeatmet, ausgeatmet.

Und glaubt dann durch den eigenen veränderten Blickwinkel, *alle Anderen* hätten sich verändert in dieser kurzen Zeit. Oder als wäre der ganze Planet ausgetauscht; Realitäten, Zeiten – ein gänzlich anderer Film. Und gerade dadurch wird er sichtbar. Der Film. Das ganze Leben als beliebiger, austauschbarer Film. Und jeder spielt selbst seine eigene Hauptrolle. Und ist doch immer derselbe. Die Konstanz, das bin ich. Auch wenn alle meinten, ich hätte mich verändert. Wie sollte ich mich wirklich jemals ändern? Ich, der Hauptdarsteller, der Schauspieler, der innerste Kern: immer derselbe – egal in welcher Rolle, egal mit welchen Eigenheiten, egal in welcher Geschwindigkeit – schneller Westen, langsamer Osten. Der, der auf der Zeitlinie reitet, egal wie schnell, ist immer der Selbe.

Nun ja – jedenfalls waren wir beim Tablaspieler ... – Er hieß Kailash, und er war ein gesellschaftlich und finanziell aufstrebender moderner Inder. In Varanasi heißt „moderner Inder“: Wenn man einen Motorroller besitzt, Jeans trägt, eine Sonnenbrille, ein leicht westlicher Haarschnitt ähnlich der Filmstars aus Bollywood[20]. Und das bedeutet auch, wie Kailash stolz erklärte, dass er seiner Frau geradezu vorkämpferische eheliche Freiheiten gestattete: Sie durfte einmal pro Woche alleine eine Stunde aus dem Haus (zum Einkauf), und sie durfte ein oder zweimal jährlich alleine die Familie ihrer Eltern besuchen. Aufgrund dieser Umstände nannte er sich einen „extrem modernen, liberalen und toleranten Ehemann“.

Natürlich entsprach dies nicht ganz unseren angestammten Wertvorstellungen, und wir fragten nach, was die Inderinnen wohl denken würden, wenn sie all die bisweilen auch allein reisenden westlichen Touristinnen se-

[20] Bollywood: Indische Filmindustrie, zweitgrößte der Welt

hen würden. Die Antwort war für Kailash völlig klar: Die Westlerinnen ohne Mann würden den Inderinnen schrecklich leidtun. Eine Frau, die ohne Mann auf der Straße anzutreffen ist, kann nur eine sehr sehr arme Frau sein. Oder eine Prostituierte. Oder eine Witwe. Was es früher, als noch Witwenverbrennung üblich war, kaum gab. Nun, Karin war eine Witwe, doch das wussten sie natürlich nicht.

Jedenfalls: Einen ganzen Monat lang nahm ich intensiv Tabla-Unterricht. Fast jeden Tag war ich bei Kailash, übte neue Sequenzen und irgendwann, als ich meine Finger endlich innerlich los ließ, klang es sogar recht gut. Ein Klopfen oder Schnalzen mit dem rechten Zeigefinger, hohe Töne, metallene Töne, ein Ping oder ein Pong, mit dem linken Handballen den tiefen Bass… alsbald spielte ich, als ob ich…. nunja, breiten wir den Mantel des Schweigens darüber. Aber mir gefiel mein Spiel und es machte enormen Spaß.

In dieser Zeit nahte dann Karins Geburtstag, oder um es stimmungsvoll auszudrücken: Er kam jeden Tag bedrohlich näher; und noch näher; und noch näher. Bedrohlich deshalb, weil ich absolut keine Ahnung hatte, was ich ihr schenken sollte. Manchmal bin ich spontan kreativ und schenke mit Freude. Und manchmal wird ein Geschenk eine reine Proforma-Angelegenheit um eine Pflicht zu erfüllen. Es gab Phasen in meinem Leben, da hatte ich Geburtstage oder Weihnachten einfach schlicht abgeschafft. Ich fand diesen Konsumterror immer schon ein bisschen doof, und den „Geburtstags-Terror“ oft noch viel mehr.

Und diesmal schenkte ich einfach: Nichts! Wollte „authentisch“ sein und bleiben, wenn nicht jetzt wann dann? Wenn nicht in Indien, wo sonst? Karin bekam eine Torte und das war's. Und diese Torte bekam sie von Kailash. Er hatte sie für mich besorgt, aber ich verweigerte schlicht die Übergabe. Und im Übrigen schmeckte die Torte grauenhaft. Und die Freude in ihren Augen, dass ich „endlich authentisch“ blieb, auch angesichts ihres Geburtstages, hielt sich in Grenzen. In sehr großen Grenzen sogar.

Aber das war nicht der einzige Grund, warum wir uns trennten, aber doch erst mal zumindest ein Anlass.

Ich kann mich noch gut erinnern: Wir breiteten alle Sachen, die wir gemeinsam besaßen, auf dem Bett aus. Jeder nahm sich abwechselnd was ihm lieb war, möglichst nach ähnlichem Wert. Am Ende blieben das in Agra erworbene Bild in Tuchform und der gemeinsame Fotoapparat übrig. Das Bild hatte etwas Gemeinsames, da es eine tantrische Vereinigung darstellte. Gerade deshalb wollte ich es nicht. Keine traurigen, quälenden Erinnerungen. Der Fotoapparat war für mich neutraler – und auch Karin war mit dieser Wahl zufrieden. Sie packte ihre Sachen: Und weg war sie. Schnell, sehr schnell. So schnell, um es in einem einzigen Absatz beschreiben zu können.

Nichtraucher

Ich bin ein Raucher. Seit meinem 13. Lebensjahr rauche ich regelmäßig Zigaretten. Anfangs war es nur die eine Zigarette nach der Schule und das nichtmal täglich. Wahrscheinlich ging es auch darum zu zeigen wie erwachsen man schon ist. Oder wie mutig. Oder heute sagt man: Wie cool. Ich weiß es nicht mehr. Vielleicht wollte ich auch nur meinem Vater eines auswischen, der - selbst starker Raucher – mir das Rauchen verbot.

Auch hier kann ich mich gut erinnern: Ich mag vielleicht drei oder vier - eher drei - Jahre alt gewesen sein, da saß mein Vater in seinem Fauteuil, lässig seine Zigarette rauchend, und meinte, ich solle mal probieren, damit ich weiß, wie grauenhaft das schmecke. Ich habe keine Ahnung mehr, ob ich einen Lungenzug machte. Ich weiß auch nicht mehr, ob ich hustete. Auf jeden Fall hatte der Versuch keinen Erfolg. Schon bald darauf, mit fünf oder sechs Jahren, stahl ich meine erste Packung Zigaretten. Nunja, stehlen ist übertrieben, mein Vater ließ immer beim Wirt aufschreiben und zahlte dann die Rechnungen monatlich. Und mich schickte er dann – geldlos – um Bier und Zigaretten. Es war ein Leichtes, eine zusätzliche Packung heimlich zu unterschlagen. Die rauchte ich dann versteckt hinter seiner Bienenhütte, eine nach der anderen – wahrscheinlich nicht auf Lunge. Aber als meine Großmutter mich ertappte, war mir schon längst schlecht.

Vielleicht verstand ich auch nur nicht, was an diesen Zigaretten toll sein soll, wo sie doch gar nicht so gut schmeckten. Aber irgendwas muss es ja sein, oder? Also versuchte ich eine nach der anderen. Heute bin ich schwer nikotinsüchtig – und genieße das Rauchen sogar. Es schmeckt mir. Ich kann nicht sagen, was mir dabei schmeckt. Aber ja, insgesamt schmeckt es mir.

Einmal, als meine zweite Frau schwanger war, hörte ich, nach längerer Planphase von einem Tag zum anderen damit auf. Und rauchte immerhin ganze zwei Jahre lang nicht ein einziges Mal, wurde zu einem absolut militanten Nichtraucher. Ich duldete keinen Rauch in meiner Nähe. Weder zu Hause, noch im Büro. Alleine vom kalten Rauch wurde mir schon schlecht. Und den Rauch anderer einzuatmen, war ein Horror. Ich konnte nicht verstehen, wie so was schmecken soll. Und meine Freunde schickte ich selbst am kältesten Wintertag hinaus auf die Terrasse. Ich war – ganz klar – ein Nichtraucher geworden.

Ebenfalls meine zweite Frau war es, die mich zum Rauchen wieder verführte. Sie wurde selbst verführt, von ihrer Schwester, ja, und diese allererste Zigarette nach zwei Jahren, bei einem Glas Sekt, das war die beste Zigarette, die ich je in meinem Leben geraucht habe. Es hat ganz, ja wirklich ganz anders geschmeckt, als das bloße passive Mitrauchen. Ja, und die nächsten Monate dachte ich, ich könne es ‚kontrollieren', also nur abends eine, vielleicht zwei Zigaretten. Es ging eine Weile gut, doch irgendwann, mit Freunden, mittags ... – von dort ein kleiner Schritt zu vormittags. Und bald war ich wieder genau dort, wo ich aufgehört hatte.

Warum ich das erwähne?? Nun, Karin war eingefleischte Nichtraucherin. Ab und zu rauchte sie mit mir Marihuana, aber auch da war ihr lieber, sie konnte es mit Kräutern mischen, denn mit Tabak. Sie konnte Tabak nicht ab. Und so war es nur selbstverständlich, dass ich irgendwann ihr zuliebe (und weil es ja ungesund sein soll) mit dem Rauchen aufhörte. Und das geschah ebenfalls in Varanasi. Bald nach unserer Ankunft, stieg ich auf „Biddi" um. Biddi sind indische kleine Naturzigaretten, ohne Papier, der Tabak wird in Blätter gewickelt. Und sie schmecken sehr aromatisch und sind extrem billig. Und ich dachte nach ein paar Wochen Biddi könnte ich es dann überhaupt sein lassen.

Das war für mich eine große Sache, immerhin rauchte ich inzwischen wieder seit einigen Jahren – und so machte ich ein Ritual und „opferte" die letzte Biddi am Ufer des heiligen Flusses Ganges, steckte sie dort in den Sand.

Ab dieser Minute war ich wohl gereizt. Das kannte ich schon von meiner ersten Nikotinentwöhnung: Kalter Schweiß, innerer Stress, genervt, leicht reizbar, Unruhe. Die üblichen Entzugserscheinungen. Dauert ein paar Tage, dann ist es vorbei. Und aus meiner subjektiven Sicht machte mir Karin diese Tage zur Hölle. Ich weiß auch nicht mehr warum, vielleicht machte sie ja auch gar nichts – aber meine Gereiztheit fand kein ausgeglichenes oder wohlwollend verständnisvolles Gegenüber. Ich fühlte mich im Regen alleine stehen gelassen mit meiner Entwöhnung, die ich ja zu einem Gutteil auch wegen ihr durchlitt. Das hatte ich seinerzeit bei Gucki, meiner zweiten Frau, ganz anders erlebt. Und zumindest unbewusst, eher wohl bewusst, verglich ich diese beiden Verhaltensweisen – und fühlte mich weder geliebt, noch angenommen, noch unterstützt, noch sonst was. Nichtmal mehr Freundschaft war da.

Und dann war sie weg...

Und ich wusste nichtmal wohin...

Nicht mal, ob sie noch in der Stadt sei – oder weitergereist, wie sie zuvor ankündigte.

Mann, ich wollte nicht wieder zu Rauchen beginnen! Trennung – fremde Stadt – keine Freunde. Der blanke Horror !! Ich rauchte dann stattdessen reines Marihuana, soviel, wie ich normalerweise Tabak rauchte. Marihuana pur. Ein Chillum[21] nach dem anderen. Und wandelte in den Straßen herum, trippte heftig, versuchte „gegenzuessen".

Egal, wohin ich ging, war ich mit Erinnerungen konfrontiert. Jede Straße war ich ja schon mit ihr gegangen. So auch in die Pizzeria:

Am Ufer des Ganges gab es oder gibt es ein indisches Restaurant, wo auch Pizza serviert wird. Das sieht dann so aus: Chapati[22], also ein Fladenbrot, fertig gebacken, darauf etwas (kalte) Tomatensoße oder Ketchup, ein bisschen indischer Frischkäse, fertig. Das nennt sich dann „Pizza". Aber in Indien ist das eine willkommene Abwechslung,

[21] Chillum: längliche indische Marihuanapfeife

[22] Chapati: indisches Fladenbrot

denn diese tollen indischen Restaurants, die es bei uns gibt, sucht man in manchen Städten vergebens.

Mit dieser Gaststätte ist auch eine andere Erinnerung verbunden: Wir, also Karin und ich saßen mal dort, und ich blickte auf den weiten Ganges hinaus – das Lokal lag direkt am Fluss. Ich sah auf die weite Breite des Wassers und plötzlich… hatte ich richtig gesehen? War mir nicht sicher und sagte noch nichts, doch da, schon wieder. Unglaublich: Ich hatte Delfine aus dem Ganges springen gesehen. Ich schwöre: Ich war nicht auf irgendwelchen Drogen und auch der Zigarettenentzug kann es nicht gewesen sein. Es sprangen tatsächlich Delfine aus dem Süßwasser des Ganges.

Für mich war das zu diesem Zeitpunkt nichtmal besonders verrückt, es war eben einfach so. „Aha – dort springen Delfine aus dem Wasser“. Und natürlich wollte ich das Karin zeigen, sie daran teilhaben lassen. Ist ja doch ungewöhnlich, und mit Delfinen verband uns auch eine gemeinsame Erinnerung an das Seminar in Mexiko, wo wir einmal mit der ganzen Gruppe einen Delfin-Ausflug machten.

Aber hier, ihre Reaktion: Sie schaute nichtmal hin. Sie weigerte sich, dorthin zu sehen, wo ich Delfine sah. Sie erklärte mich für verrückt, oder sie glaubte, ich wolle sie verarschen. Ja, sie war sogar sehr ungehalten, dass ich solche Geschichten erfinden würde!! Vielleicht dachte sie ja auch nur, ich spinne, würde trippen, wäre verrückt oder sonst etwas.

Viel später, es mögen sogar Monate später gewesen sein, las ich in einem Buch von den Flussdelfinen im Ganges, die man in Varanasi beobachten kann.

Nun ja, ich weiß nicht mehr, ob dies vor oder während meines Nikotinentzugs war. Aber Grund für mich, verärgert zu sein, war es allemal. Und vielleicht war es ja erst nach der Trennung ??

Ja, Karin war noch in der Stadt.

Fest in Benares (Varanasi), am Ganges

Nath-Yogi

Ich brauchte zwei oder drei Tage, um sie zu finden. Eigentlich war es logisch, doch aus irgendeinem Grund für mich nicht sofort offensichtlich. Als wir mal, ganz zu Anfang, in der Stadt spazieren gingen, fiel uns ein Schild auf: „Kundalini-Tantra“. Ein richtiges Werbeschild, nein, nicht Schild, es war eine richtige Werbetafel. Hoch über einer belebten Einkaufsstraße. Gerade das (in Indien nur selten verwendete) Neonlicht hätte noch gefehlt. *‚Nö – das kann's nicht sein. Wer Werbung macht, kann nicht gut sein'*. Abgehakt! Nunja – da kannte ich die indische Seele noch nicht so gut. Außerdem war ich zum Tabla lernen hier (...)

Wenn ich mich recht erinnere, waren wir auch einmal gemeinsam dort und sprachen mit dem dort ansässigen „Guru“. Es war ein sehr großes und nobles Haus, der Guru sehr freundlich, seine Frau sehr geschäftstüchtig. Am Eingang hing Werbung, Zeitungsausschnitte mit Madonna (ja, die amerikanische Popsängerin). Guru hatte mal mit ihr telefoniert, denn zu dieser Zeit war ihre CD „Rays of Light“ erschienen, und ein Song war als Mantra in der Sprache Sanskrit gesungen. Guru hatte sich darüber beschwert, dass ihre Aussprache nicht korrekt war. Ich fand das lächerlich. Und überall stand, wie toll dieser Guru sei. Für mich: Pure Angeberei. Also schied er als Lehrer für mich mal aus.

Für Karin schied er nicht aus. Und nachdem wir uns trennten, hat sie sich sofort dort einquartiert. Als ich nach zwei Tagen auftauchte, war ihre Reaktion eine ambivalente Mischung zwischen „*so lange hast du gebraucht*“ und „*hättest du mir nicht noch ein paar Tage mehr Zeit lassen können?*“.

Was blieb mir anderes übrig, als ebenfalls Unterricht bei Guruji zu nehmen?? Ebenfalls dort einzuziehen? Und: Er war gut !!

Dr. Vagish Shastri war in seinen 70ern. Er war schon in Pension, zuvor war er jahrzehntelang Professor und Direktor für die Sanskrit-Abteilung in der Hindi-Universität Varanasi, der größten und traditionellsten ihrer Art. Er hatte viele Bücher geschrieben, an der Wand hingen Bilder, die ihn mit einem seinerzeitigen indischen Vizepräsidenten zeigten, er war ein Gelehrter und in ganz Varanasi und vielen Teilen von Indien bekannt. Seine Biografie erschien im amerikanischen „Who is Who in the World“ (1982), er hatte Europa bereist, und überall auf der Welt seine Schüler. Vorwiegend Sanskrit-Schüler, denn er hatte eine einzigartige Methode entdeckt, um Sanskrit zu lehren. Er nannte sie „Mnemoniks-Methode“. Ja, er war eine der Welt-Kapazitäten was die alte Mantrasprache betrifft. Laut seiner Aussage war es sogar seine Muttersprache. Ja, und kürzlich las ich irgendwo, dass Sanskrit zwar als Muttersprache für ausgestorben gehalten wird, aber: „mit wenigen Ausnahmen“. Vielleicht war er ja eine solche.

Glückstreffer. Viele internationale Studenten kamen nur seinetwegen und weilten monate-, oft jahrelang in Varanasi, besuchten seine Kurse und Lehrgänge, auch noch als er schon in Pension war, dann eben privat in seinem noblen Haus. Und Kundalini-Tantra war sein Steckenpferd, seine private Spinnerei. Da hatte er nur wenig Schüler, und ich war nun einer davon. Gemeinsam mit Karin. Jeden Tag Unterricht, Privatsitzung, nur wir beide.

Er kannte als Gelehrter nicht nur die Veden und alle anderen indischen Schriften und Tantras[23] in und auswendig, er war auch in jungen Jahren als wandernder Sannyasin, also als asketischer Bettelmönch (auch aus dieser Zeit hingen Bilder an den Wänden) unterwegs, auf der Suche nach Gott oder göttlicher Erkenntnis. Und die traf ihn auch – irgendwo in den Wäldern zu Nepal. Zuvor war er mit zehn Jahren eingeweiht worden, und später wurde er, wie man in Indien sagt „von seinem Satguru erleuchtet", einem gewissen *Paramahansa Swami Rama MangalaDasa*. Die Inder lieben Titel ... (sein eigener, voll ausgeschrieben: *Mahamahopadhyaya Acharya Dr. Vagish Shastri (B.P.T.)*)

Als diese ‚spirituelle Angelegenheit' also erledigt war, kehrte er zurück und seine Familie wollte ihn verheiraten. Er wusste nicht wozu – hatte er doch alles gefunden, was er suchte und brauchte. Doch sie meinten, eine Frau hätte auch ‚diverse Vorteile'. Damit war wohl kochen und Wäsche waschen gemeint – ich weiß es nicht – jedenfalls willigte er ein, und ja, auch er wurde von den Vorzügen eines Ehelebens überzeugt. So überzeugt, dass er zwei Söhne zeugte, eine richtige Familie gründete, und somit ein

[23] Tantras: Gewisse alte indische Schriften werden ebenfalls „Tantra" genannt.

„Householder-Yogi“[24] wurde. Eine Tradition, die in Varanasi seit jeher Bedeutung hatte. Auch die Linie von Yogananda[25] begann mit einem Householder-Yogi aus Varanasi (Lahiri Mashwiri, 1828-1895).

Doch blieb er „Tantriker“, und zeugte auch noch andere Kinder, im Wissen seiner Frau, für die das selbstverständlich war (*„er ist doch ein Tantriker, das ist ja ganz normal“*). Die künftigen Mütter standen angeblich Schlange, um von ihm ein Kind gezeugt zu erhalten. Und er tat es *„nur für die Frauen“*, denn *„selber brauch ich das nicht“*. Im Nachhinein betrachtet kann ich das sogar glauben und verstehen.

Jedenfalls war Kundalini-Tantra seine große Liebe, die er allerdings nie zum Beruf machte, sondern ihr nur gleich einer Berufung folgte – und sich jenen, die danach fragten, als Lehrer zur Verfügung stellte. Und seine Frau führte das Haus, die Betonung liegt auf: *FÜHREN*. Sie war der Chef, der Führer, er war in seiner Lehrerkammer, ja, fast könnte man sagen: *‚eingesperrt'*. Das war sein Reich, dort, mit all seinen Büchern konnte er einfach nur der Lehrer und Forscher sein, außerhalb dessen hatte nur ‚Mataji', wie sie sich nennen ließ, das Sagen.

Das Haus hatte viele leere Zimmer, die für etwaige Gäste reserviert waren, Karin und ich wählten zwei kleine Hütten am Dach, die ebenfalls extra als Gästeräume ge-

---

[24] Householder-Yogi: Ein Yogi, der nicht asketisch und ohne Besitz oder in einem Ashram lebt, sondern ganz normal „bürgerlich“ mit eigener Familie, Frau, Kinder, Beruf und ein eigenes Haus besitzt.

[25] Yogananda: Bekannt durch u.a. „Autobiografie eines Yogi“, Schüler von Sri Yukteswar Giri

dacht waren. Wir hatten also Familienanschluss, jeden Tag unsere Lehrstunde mit Guruji, den Rest der Zeit verbrachten wir großteils alleine am Dach mit Übungen und sogar das Essen nahmen wir mit der Familie ein. Beide Söhne waren verheiratet, es gab zwei Enkelinnen im Vorschulbzw. Volksschulalter, die oft durch das Haus rannten und freudig spielten. Ich erwachte oft um fünf Uhr morgens, begann mit meinen Meditationen, machte meine neu erlernten Yoga-Übungen und so verging die Zeit.

Eindrucksvoll erinnere ich mich, als ich einmal morgens am Dach mit geschlossenen Augen mein Morgen-Yoga zelebrierte. Als ich nach mindestens 30 Minuten, vielleicht sogar einer Stunde, die Augen öffnete, saß eine große Affenfamilie schweigend im Halbkreis um mich. Affen auf den Dächern sind in Varanasi so selbstverständlich wie bei uns Tauben. Doch das, ja, das war wirklich beeindruckend, für mich schockierend, und doch gleichzeitig einzigartig und erfüllend.

Über die Lehren, die ich von Guruji erhielt, habe ich ohnehin schon ein ganzes Buch[26] geschrieben, da ist hier nicht viel dazu zu sagen. Ich hatte viele außergewöhnliche spirituelle Erlebnisse, viele energetische Erfahrungen, Guruji sang Mantras und tanzte um mich, während ich meditierte (er konnte in seinem Alter auch noch eindrucksvolle Yoga-Positionen demonstrieren, die mein Körper nie in der Lage war, nachzuahmen), initiierte, klärte (meinen Geist) und erklärte die alten Überlieferungen (wie sie *wirklich*

[26] OWK: Kundalini – das Erbe der Nath-Yogis

gemeint waren), gab mir inneres Verständnis und setzte meine einzelnen Wissens-Bruchstücke zusammen, sodass alles ein perfektes, logisch abgerundetes und einleuchtendes Bild ergab.

Anfangs noch zeigten wir ihm unsere Skripten, jene der „fortgeschrittenen Methoden" des tantrischen Kriya-Yogas, das wir kannten, er las sie über Nacht und urteilte am nächsten Tag, fast abfällig oder belustigt: „Anfängerstuff". Ja, und im Nachhinein kann ich nur sagen: Er hatte recht. Trotzdem hätte ich ihn wohl nicht verstanden, wenn ich nicht schon mit Vorwissen gekommen wäre. Und ich glaube, auch er war beglückt jemanden diese Dinge unterrichten zu dürfen, an jemanden das Wissen weitergeben zu können. Zumindest möchte ich das gerne glauben *g*

Schließlich, nach ein paar Wochen, kam der Zeitpunkt der Initiation. Wir besprachen noch vorher, welche Namen wir bekommen sollten, wir kauften Gewänder am Markt und Mataji, also Gurus Ehefrau, begleitete uns, damit wir gemeinsam ein schönes Präsent für Guruji finden können, da es Brauch ist, dem Guru zur Einweihung etwas zu schenken. Die Rede war von einer goldenen Uhr.

Ja, und das war Mataji: Im Juwelierladen war plötzlich keine Rede mehr von einer Herrenuhr. Plötzlich ging es um Damenschmuck, goldene Ohrringe oder eine Kette oder ein Ring. Ich weiß es nicht mehr, jedenfalls war unser Geschenk an Guruji schließlich ein Geschenk an seine Frau. Alle waren damit glücklich und einverstanden – Guruji war das völlig egal.

Ein Priester wurde besorgt (Guruji ist zwar Brahmane, aber ein Gelehrter, kein Ritualpriester, diese Funktion haben wieder andere), Mantren wurden gesungen, endlose Gebete aufgesagt, Kräuter und Früchte am Altar geopfert, Räucherungen durchgeführt, Segnungen und was weiß ich noch alles. Dann gab es – wahrscheinlich – ein Festmahl (daran kann ich mich nicht mehr erinnern), und am Abend ein Konzert – nur für uns – mit einigen der besten professionellen Musiker Varanasis für klassische indische Hausmusik.

Nunja – und natürlich, während des Hauptteils erhielt ich meinen spirituellen Ordens-Namen („Devananda"), samt persönlichem Mantra (Kali-Mantra-Deeksha[27]) sowie Yantra[28]. Daneben mehrere Mala's[29] für verschiedene Zwecke, persönliches Sandelholz und einen Reibstein für eben dieses Holz, um mit Wasser die typische Sandelholzpasta, die jeden Morgen an die Stirn gemalt wird, mischen zu können. Insgesamt also meine „Yogi-Utensilien". Ja, nun war ich ein initiierter Yogi, Mitglied im alten Orden der Nath.

Schon ein paar Tage vor der Initiation erklärte mir Guruji die Nath-Linie. Ich hatte bis dahin noch nie davon

---

[27] Kali-Mantra-Deeksha: Deeksha heißt in Indien Einweihung / Initiation, Kali ist eine indische Göttin, eine der vielen Bezeichnungen für eine/die Frau Shivas. Mantra und Initiation wurden so ausgewählt, dass auch nach Initiation möglich bleibt, mit Frauen Sex zu haben oder Beziehungen einzugehen. Es gibt andere Formen der Initiation, wo diese Möglichkeiten ausscheiden.

[28] Ein in Bronze gegossenes Symbol

[29] Mala: Indische Gebetskette

gehört, eigentlich war ich ja hauptsächlich an meinem neuen spirituellen Namen interessiert. „Naatha“ war dann sozusagen der Familienname, der Name der Gruppenzugehörigkeit. Ein Zusatz, der dann im Übrigen auf Visitenkarten nicht unbedingt raufgedruckt wird ;-) – so ganz habe ich das alles damals noch nicht verstanden. Er zeigte mir zwar meinen Stammbaum, also seine unmittelbaren Vorgänger, und er meinte auch, dass der Nath-Orden bis zur Zeit der Rishis[30] zurückreiche und eigentlicher Begründer und Überlieferer der ganzen Kundalini-Lehre sei, die in alten Zeiten „Vagyoga“ hieß. Er meinte, „gewisse Wissende“ würden dann durch meinen Namenszusatz auch wissen „woher ich komme und welcher Gruppe ich zugehörig sei“.

Als Sanskrit-Experte war er zudem darauf bedacht, dass ich den Namen vokalorientiert (und auch grammatikalisch) richtig schrieb, also „Naatha“ und nicht etwa nur „Nath“. Erst viel später hörte ich all die Geschichten über Nath-Yogis. Und erst bei meinem Rückflug, einige Monate später, am Flughafen wartend, stieß ich auf ein Buch über die Theorie, dass z.B. Jesus angeblich vor und/oder nach seiner Kreuzigung in Indien gewesen wäre und dabei als Nath-Yogi eingeweiht wurde ...

Für mich war das allerdings vorerst einfach nur mal ein Name. Endlich auch so ein exotisch klingender indischer Name, wie ihn so viele meiner Bekannten in Europa schon

---

30 Rishis: Die ersten indischen Gelehrten, Verfasser der Upanishaden, dem spirituellen Teil der Veden („indische Geheimlehre“)

führten. Ja, eigentlich war ein kleiner Traum in Erfüllung gegangen.

Und noch etwas ging in Erfüllung: Ich wollte ja eine Ausbildung als Lehrer oder Kursleiter. In all den vielen tantrischen und nicht-tantrischen Seminaren, die ich machte, ging es immer nur um Selbsterfahrung. Um Entwicklung. Oder um Therapie. Um Techniken, die ich selbst anwenden wollte und angewendet habe – an mir. Aber ich wollte auch Lehrer sein, ich wollte dafür eine Legitimation. Bei unseren Tantrakursen machte ich aus unerfindlichen Gründen immer einen Bogen um die Lehrerausbildung. Fast alle, die mit mir begonnen hatten, waren schon längst selbst Lehrer. Auch bei den fortgeschrittenen Kursen waren außer mir fast nur Lehrer. Dies wollte ich nachholen. Und ich wollte etwas Besonderes für mich. Die Ausbildung bei Guruji war also auch eine Lehrerausbildung. Was ich mir unbedingt durch eine Urkunde bestätigen lassen wollte.

Neben all den traditionellen Geschenken der Initiation verlangte ich also auch eine solche Urkunde! Das muss auf Guruji sehr lustig gewirkt haben. Doch ich bekam sie – wunderschön, das Druckpapier aus der Universitätsdruckerei, *räusper* ... „entliehen“ – und es wurde auch ausgemacht, welche Techniken ich nun weitergeben darf, und welche ich für mich behalten sollte.

Dass dieses ‚westlich‘ geprägte Begehren für Guruji vielleicht lustig war, hat mich nicht gekümmert. Er war ja ein Universitätsprofessor mit vielen westlichen Schülern – Derartiges also gewohnt. Für ihn waren wir sogar –

menschlich gesehen – recht einfache Schüler. Er konnte mit uns ganz normal umgehen. Als ich einmal bei ihm im Lehrerzimmer war, kamen ein paar Inder kurz herein, und machten all diese üblichen indischen Respektbezeugungen, wie z.B. seinen Fuß berühren, manche durch ihre Stirn. Als diese gegangen waren, lachte er darüber und sagte uns: *„Ja, also ihr braucht das nicht machen – das sind halt die indischen Angewohnheiten"*. Trotzdem: Zu Beginn jeder Sitzung mussten (und wollten) wir singen: *„Jaye Guru Deva – Jaye Guru Deva – Jaye Guru Deva – Jaye Guru Devaaaaaaa"* ...

Als Kundalini- oder Yogalehrer war ich allerdings nie tätig. Als ich Guruji ein Jahr später noch mal besuchte - mittlerweile war ich selbst erwacht, hatte also die Erfahrung, die man „spirituelles Erwachen" nennt, hinter mir - war ich gerade und schon monatelang im „mystischen Zustand der spirituellen Verzückung". Er blickte mir nur kurz in die Augen und sagte: *„You have improved"* (in Etwa: „Du hast Fortschritte gemacht") – und verabschiedete mich dann mit dem expliziten Lehrauftrag *„You should teach"* („Du solltest lehren"). Nun, wenigstens habe ich Bücher geschrieben. Wenngleich die Lehrtätigkeit in diesem Fall gar nicht so sehr für Andere wichtig (gewesen) wäre, sondern für mich selbst. Die Betonung lag hier also auf „solltest" ... – nun gut, mittlerweile bin ich wenigstens so eine Art „Satsang-Lehrer"...

Zurück ins Jahr 1998, Anfang November: In Varanasi wurde es langsam kühler, der Monsun war endgültig vorüber, der Auftrag war erfüllt – und Urlaub war angesagt !! Wir machten Pläne, guckten wieder auf unsere Landkarten und es war gewiss: Es geht weiter Richtung Osten, dort ist das Meer nicht weit. Auch mit Guruji haben wir darüber gesprochen, er ist ein exzellenter Reiseratgeber (wie ich auch das Jahr danach noch feststellen durfte) und zeigte uns Fotos von Puri in Orissa, wo er mal mit seiner Frau Urlaub am Meer machte.

Jaye Guru Deva !!

Nath-Guruji Acharya Dr. Vagisha Shastri

Geheimnisvolles Orissa

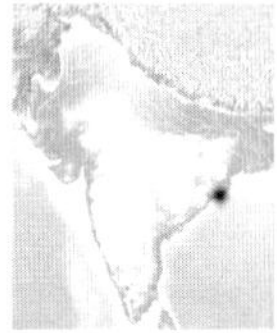

Puri ist ein heiliger Ort. Nunja, fast alle Orte in Indien sind heilige Orte, aber es gibt eben auch die *wirklich-wirklich* „heiligen Orte". Dazu zählen eben „die Stadt des Lichts" Varanasi, „die Stadt der Yogis" Rishikesh, und Puri, nun, ich würd' mal übertrieben sagen: „Die Stadt Shivas und seiner heiligen Pflanze".

Puri ist einer der wenigen Orte in Indien, wo der Genuss von Cannabis nicht nur erlaubt ist, sondern wo „Bang", eine spezielle Verarbeitungsart, sogar legal von „Government-Shops" zum Kauf und Genuss angeboten wird. Dies liegt unter anderem daran, dass viele Sadhus, indische Wandermönche deren Gott vor allem Shiva ist, in diese Stadt reisen, zum großen heiligen Tempel dort, und Sadhus waren von je her „Kiffer". Für sie ist Cannabis einfach nur die „heilige Pflanze Shiva's" und sie benutzen sie in Kombination mit yogischen und tantrischen asketischen Übungen. Je älter ein Sadhu, desto weniger raucht er, desto einfacher erreicht er außergewöhnliche Zustände durch Meditation. Wenn er noch älter ist, erreicht er sogar den ganz normalen „gewöhnlichen Zustand" (eines Menschen). Dann ist jeder spirituelle Trip in ihm sozusagen gestorben.

Da Sadhus nicht arbeiten, sondern bettelnd durch das Land ziehen (als „heilige Männer"), haben sie viel Zeit neben spirituellen Texten auch Sprachen, Philosophie, Geschichte und vieles mehr in einer Perfektion zu erlernen, die im Westen ob des Lebensstils gar nicht mehr möglich ist. So traf ich Sadhus die perfekt Latein oder Alt-Griechisch sprachen, römische Geschichte in- und auswendig konnten und vieles mehr.

Die ersten Tage in Puri waren davon geprägt, erst mal wieder zu streiten, getrennte Wohnungen zu beziehen und das ersehnte Meer ausgiebig zu genießen.

Einsamer weiter Strand in Orissa

Orissa ist einer der ärmsten Staaten in Indien – und hier wohnen auch sehr viele „Tribal-People", also Ureinwohner mit dunklerer Hautfarbe, die so wie in Afrika als Stämme hausen; ein Freund von mir, Roberto, Italiener, den ich damals in Puri kennenlernte, hatte zum Beispiel mal sieben Jahre mit einem Stamm gelebt, der (noch?) kein Wort für das persönliche „Ich" kannte. Manche der Ur-Religionen haben sich mit dem Hinduismus vermischt, und so rein generell kann man sagen, dass Orissa ganz stark von einem „Kali-Kult" durchzogen ist. Kali gilt ebenfalls als Shivas Frau und wird hier oft mordlüsternd als „Verrückte Wütende in der Welt während Shiva schläft" dargestellt – oft mit schwarzer Hautfarbe, oft mit abgeschlagenen Köpfen, ihre Mala ist eine Totenkopfmala – und dementsprechend hatte ich hier mehr und mehr den Eindruck, mitten in einem Voodoo-Gebiet gelandet zu sein.

Alles war durchtränkt von dieser Magie, diesem Kult. Allerorts Angebote, mich zu irgendeinem geheimnisvollen Guru zu bringen, der im Namen Kali's dieses und jenes geopfert hätte; nun, keine Früchte, auch keine Tiere: Hier wurde mitunter von Kinder- und Frauenopfern gesprochen, von ausgestochenen Augen die am Altar für Kali hingegeben wurden - zum Beispiel für ein höheres Alter -, von abgehackten Penissen im Rahmen eines Kali-Rituals (den zugehörigen Sadhu habe ich auch persönlich kennengelernt), u.v.a.m. .

So nimmt es nicht Wunder, dass, als ich mit Garima, wie Karin sich seit der Initiation nennen ließ, gleich zu Beginn einen kleinen Streit bezüglich Eifersucht hatte, mir doch glatt angeboten wurde, den Kontrahenten für mich „aus dem Weg" zu schaffen. Ja doch – hier war von Mord die Rede. Die Leute konnten mich also gleich zu Beginn sehr gut leiden – und waren „auf meiner Seite" – das hatte wohl entweder die Ursache in meiner Offenheit und Nicht-Wertung, meinem Interesse, meiner Freundlichkeit – oder einfach nur Naivität.

Und so offenbarte sich vieles. Einmal wurde ich von einem alten Fischer in seinem Fischerdorf herumgeführt, und er zeigte mir in der Dämmerung voller Stolz seinen Kali-Altar, mir ins Ohr flüsternd: „Kali mag Fisch, Kali mag Fleisch, und manchmal ..." – und dann wurde seine Stimme leise und geheimnisvoll und inbrünstig – „... manchmal will Kali Blut".

Nachdem wir innerhalb der ersten Tage die Wohnsituation klärten und zwei Appartements nebeneinander bezogen, nahmen die Dinge einfach von Selbst ihren Lauf. Da waren erst mal die Wohnungen selbst: Außerordentlich günstig, jeweils ganze Doppelbetten mit Moskitonetz und angeschlossenen Bädern um einen knappen Euro pro Tag – da war das günstige Essen: Beispielsweise frisch gefangene Riesengarnelen zum wirklich satt essen – die Portion, fertig gegrillt und garniert um etwas mehr als 2 Euro – ich war einfach nur: begeistert !!!

Da war endlich ein Sandstrand, ein kleiner Abschnitt wo sich die wenigen Touristen tummelten und es möglich war, das Meer und die Wellen zu genießen, ohne sich in jenen menschlichen Fäkalien zu wälzen, die nur ein paar Meter, na gut, vielleicht sogar ein paar 100 Meter weiter mit dem Strand gemeinsam die öffentliche Toilette bildeten. Was gar nicht störte – ich fühlte mich urig, geerdet, naturverbunden. Und die Inder waren freundlich – oder eben vollgesogen mit Bang.

Gut erinnern kann ich mich an die vielen Malereien, die fast täglich auf die Straßen gezaubert wurden mit Farbpulver, das hernach der Wind verwehte – oder der noch leicht vorhandene Monsun wegwusch. Gut erinnern auch an ein Vollmondfest, das früh am Morgen, lange vor Sonnenaufgang begann – alle Inder der Umgebung direkt am Strand befindlich, Schiffchen bauend mit Kerzen darin – um sie dem Meer zu opfern. Mit Frühstücksgelegenheiten, warmem Tee – einfach nur: fantastisch. Eine Erinnerung, welche man ein Leben lang behält.

Gut erinnern ebenfalls an die Tage, wo wir mit dem geborgten Moped Ausflüge die Küste entlang und auch ins Landesinnere machten und eine Natur kennenlernen durften, die schöner nicht sein konnte.

Gut erinnern an den Genuss der Früchte der Lotusblume frisch vom Markt. An den Besuch eines Zoos, wo innen in Käfigen Affen gehalten wurden, die dieselben waren, wie sie außen an eben diesen Käfigen in freier Natur herumhingen und in den Bäumen sprangen. Merkwürdiger indischer Geist.

Und ganz gut kann ich mich auch an einen Tempelbesuch erinnern – eine riesige Anlage zu Ehren von Shiva etwas nördlich von Puri – und an den Deutschen, der dort als buddhistischer Mönch in einem Erdloch hauste, seit vielen Jahrzehnten, und mir von seinen Abenteuern und seinen spirituellen Erkenntnissen erzählte – aber auch von den Problemen mit der alten Mutter zu Hause, die er erst vor wenigen Jahren noch mal besucht hatte. Ja, auch Buddhisten waren dort anzutreffen, nicht zu wenige.

Unter Tags also entweder unterwegs, oder am Meer – abends in immer demselben einen Lokal direkt am Strand, wo sich die handvoll Touristen zu dieser Zeit dann traf. Roberto habe ich schon erwähnt, ein Italiener mittleren Alters der Orissa wie seine Westentasche kannte, und uns abends mit Klängen von seiner Gitarre und seinem Saxophon unterhielt.

In eben diesem Lokal trank ich auch mein erstes Banglassi. Einfach ein Joghurt-Getränk, und statt Bananen oder Mangos oder Kokos oder Ananas in diesem Fall eben mit ein paar Haschisch-Schoten vermengt – keine starke Wirkung, dafür länger anhaltend im Vergleich zur rauchenden Einnahme. Nun ja – das war ja eben auch noch die harmlose Form für westliche Touristen wie mich. Die Form für westliche Abenteurer und Spinner wie mich: sollte ich erst später kennenlernen.

Irgendwann in diesen Tagen habe ich Shiva kennengelernt. Ein Junge von etwa 14 oder 15 Jahren, klein gewachsen, und er nannte sich eben „Shiva" – vielleicht sogar sein wirklicher Name. Er hat mich wohl am Strand angesprochen, vielleicht sogar bei diesem Vollmondfest, vielleicht wollte er mir etwas verkaufen, ich weiß aber nicht mehr was – nein, eigentlich kann ich mich an keine Waren erinnern.

Später erfuhr ich von anderen, dass dieser Shiva, also der Junge, sich auch schon an homosexuelle Sex-Touristen verkauft hatte – ich selbst erhielt aber, gottlob, niemals ein eindeutiges, und auch kein zweideutiges Angebot von ihm. Hätte ich sicherlich auch nicht angenommen – mir war nach spirituellen Abenteuern. Das muss er wohl intuitiv erkannt haben, und hat mir gleich als wir uns kennenlernten von einer 7-köpfigen Kobra mit 2-köpfigen Kindern erzählt, die irgendwo in einem Tempelteich den er kennt hausen sollte. Mir konnte man zu dieser Zeit fast alles erzählen, um mich neugierig zu machen. Genauso gut hätte er mir das Versteck von Schneewittchen mit den sieben Zwergen anbieten können – ich wäre ihm gefolgt, ich habe an diesen Tagen, ausgespaced von all diesen Eindrücken, einfach alles für möglich gehalten. Hätte mich gut als Opfer aller Art geeignet. Naiv und gutgläubig, so naiv, dass man offensichtlich als Narr des Tarot durchgeht und göttlichen Schutz genießt. Und so hörte dieses Offenbaren einfach nicht auf – im Gegenteil, nun begann es erst so richtig.

Special-Lassi

Wir vereinbarten einen Tag – Karin und ich waren bereit zu sehen, was auch immer er uns zeigen wollte – und so fuhren wir zu dritt mit der Fahrrad-Rikscha in die Stadt. Irgendwann waren wir bei einem Tempel – inmitten des Tempels ein großer angelegter Teich – das Wasser extrem trüb und grün – und weit und breit keine Kobra zu sehen. Nun gut, viel mehr hatten wir auch nicht erwartet. Zu seiner Verteidigung muss ich hinzufügen, dass ich mich nicht erinnern kann, dass wir irgendeinen Bakschisch ausgemacht hatten – also keinen Lohn in Gegenwert von Geld – und so gab es auch keinen, nichtmal freiwillig. Er meinte einfach nur lapidar, dass das Wasser wohl heute zu trüb war … .

Ob der nächste Schritt wirklich geplant war, vorher abgesprochen, oder sich als Ersatzprogramm angeboten hat, weiß ich nicht mehr.

Jedenfalls fuhren wir nun zum Haupttempel der Stadt, wo, wie fast täglich in Puri, ein großes Fest stattfand. Da der Tempel in Puri einer der heiligsten Orte der Shivaiten[31] ist, durften wir diesen als Nicht-Hindu natürlich nicht betreten, und der Junge führte uns in eine Seitengasse, wo ein Onkel von ihm eine versteckte Bang-Bar hatte. Dieses sei „Spezial-Bang“ meinte Shiva, etwas ganz Besonderes, was man nicht so leicht bekommt als Tourist. Eine grüne undefinierbare Masse wurde in Wasser aufgelöst und er-

---

[31] Shivaiten: Anhänger des Gottes Shiva

gab ein recht ekliges Getränk. Ein Glas sollte uns 10 Rupees kosten, umgerechnet 20 Cent, eine Lächerlichkeit. Karin und mir wurde eingeschenkt und in meiner Gier und maßlosen Selbstüberschätzung trank ich eineinhalb Gläser, da Karin in ihrer weiblichen Weitsicht sich diese unbekannte Grauslichkeit nicht zur Gänze körperlich einverleiben konnte und wollte.

Danach war der temporäre Zauber wie verflogen, wir gingen alle drei entspannt und so, als hätten wir nun nichts mehr vor wieder zurück Richtung Strandgebiet, durch einen Palmenwald.

Irgendwie hatte ich zu dieser Zeit noch ein selbstbewusstes Gefühl vermengt mit paranoiden Zügen, dachte ich doch, irgendwas hätte dieser Junge noch vor, irgendeinen Diebstahl, irgendeinen Zweck und Vorteil musste dieses offensichtliche Geschenk ja für ihn haben. An Vergiftung oder Ähnliches glaubte ich nicht, ich ging schon davon aus, das Getränk wäre für dortige Örtlichkeiten „ganz normal", jedoch dachte ich mir, er würde sich erwarten, dass wir mit der einsetzenden Wirkung nicht umgehen könnten. Dass wir die Kontrolle verlieren würden, nicht mehr wüssten, wer wir sind und wie uns geschah.

Und ich dachte mir selbstsicher, dem würde ich erst mal zeigen, was Europäer vertragen und wie weit mein Bewusstsein entwickelt sei.

Jedenfalls könnte man all das, was danach geschah so beschreiben, dass wir mit der einsetzenden Wirkung nicht umgehen konnten, die Kontrolle verloren und nicht mehr wussten, wer wir sind und wie uns geschah. ;-)

Vereinfacht ausgedrückt.

Sehr vereinfacht ausgedrückt.

Oder besser gesagt: Maßlos untertrieben.

Zumindest was mich betraf. Ich hatte ja die dreifache Menge dieses Zeugs zu mir genommen, von dem ich nicht weiß, was wirklich substanziell enthalten war. Roberto, der Italiener, meinte später, es wäre wahrscheinlich Stechapfel dabei gewesen, der wachse in dieser Gegend, und bei diesen Voodoo-Leuten wüsste man ohnehin nie, woran man sei. Jedenfalls hätte ich wohl Glück gehabt, denn immerhin habe ich überlebt, was diese Zeilen bezeugen. Das Mindeste, was einem bei einer Überdosis dieses Trips passieren könne, wäre lebenslängliches Hängen bleiben, vereinfacht mit „Synapsen durchgeknallt" beschreibbar, oder eben ein unehrenhafter Abgang dieser körperlichen Existenzform.

Ich entschied mich für Ersteres.

Oder zumindest entschied ich mich vorerst für Ersteres. Besser gesagt entschied ich mich dafür, erst mal zu überleben, und gewisse Hoffnungen waren ja durchaus berechtigt, dass nach 24 Stunden die Wirkung nachlassen würde. Falls man nicht doch hängen bleibt. Zumindest meinte dies der Italiener.

Aber all das, all diese wertvollen Informationen, erhielt ich natürlich erst lange, nachdem die Wirkung einsetzte. Und die kam ganz langsam … im Palmenwald.

Erst waren wir belustigt, einfach nur aufgelöst und merkten, ja, dass es Bang war, also Cannabis. Ganz normal. Vielleicht ein bisschen schnell. Und das schon am Vormittag, ohne viel Grundlage im Magen zu haben.

Irgendwann kamen wir zum Strand, setzten uns in die pralle Sonne, mit Badehose und Bikini, ganz normal. Und dann begann sich die Welt um die Zeit zu drehen, und die Zeit um die Welt. Der Raum blieb, die Zeit verzerrte. Es kamen Kinder, es kamen Schmuckverkäuferinnen und es kamen Tourismusforscher mit Umfragen. Das wäre alles ganz normal gewesen.

Wenn nicht die Kinder so gewirkt hätten, als wären es unsere ungeborenen Kinder, die nie geboren werden konnten, weil ich ja sterilisiert war. Wenn nicht die Marktfrau von oben bis unten tätowiert gewesen wäre, in einer Kleidung von „Tribal People", also Ureinwohnern von Orissa, mit spitz zugeschliffenen Zähnen, so, als wäre sie Kali höchstpersönlich.

Wenn nicht der Tourismusforscher einfach nur saudumme Fragen gestellt hätte in der Art „Wie geht es ihnen jetzt?" und „Was halten sie von dieser Reise?", was alles eine merkwürdige Doppelbedeutung bekam.

Ja, und wenn nicht vor allem ein unbändiger Durst aufgestiegen wäre, gekoppelt mit der Unfähigkeit, den Körper in eine senkrechte Lage zu bekommen, um ein paar hundert Meter entfernt rettendes Wasser kaufen zu können. Nun war Mittagshitze.

Es kam mir wie eine Ewigkeit vor, diese ewigen Versuche, zumindest im Kopf, aufzustehen, diese Angst, nun zu sterben, wenn wir uns nicht bewegen. Und diese Angst vor anderen Menschen. Die gekommen waren, uns zu töten. So fühlte sich das an, wohl all die verdrängten Eindrücke dieser Gegend, all die wahrgenommenen Ungewöhnlichkeiten der letzten Wochen.

Und immer wieder der Gedanke, eine, ja nur eine einzige falsche Entscheidung würde den sicheren Tod bedeuten. Links oder rechts, ein Weg führt ins Verderben, der andere nur weiter und tiefer ins Labyrinth, das keinen Ausgang kannte. Und die Hoffnung, falls wir uns getrennt voneinander jeweils „anders" entscheiden, entgegengesetzt, dann hätte zumindest einer von uns die konkrete Chance, zu überleben.

Dies war das erste Mal in meinem Leben, wo wirkliche, völlig reale Todesangst aufstieg. Ja sogar Gewissheit. Und ein Kampf um dieses Leben, als wäre ich James Bond, nein, besser, ich besann mich, ein Nichts zu sein, ein Niemand, der es wagte, das Schicksal auf solche Weise herauszufordern, als wäre er unsterblich und unverletzbar, ewige Kontrolle und ewiger Sieger. Und nun diese bittere Niederlage. Diese bittere Einsicht in die eigene Winzigkeit. Ein Mensch. Kein Gott. Nur ein Mensch. Ganz klein. Wimmernd um sein Überleben.

Nur ein Glas Wasser. Wenigstens Wasser. Irgendwann, in all diesem Trubel aus Gefühlen und Gedanken und verlorener Körperkontrolle bietet eines dieser Kinder uns seine Wasserflasche zum Trinken an. Doch Stopp. Es könnte vergiftet sein. Also solle nur einer trinken, je nach Wahrheit wird einer sterben. Vergiftet oder verdurstet. Die Wahl war klein. Doch das konnte ich zu diesem Zeitpunkt nicht erkennen. Überleben, einfach nur überleben, keine falsche Entscheidung treffen. Panik. Wahnsinn. Die absolute Paranoia. Und noch immer der Glaube an die eigene Macht. Und Entscheidungsfähigkeit.

Den Glauben an das Gute in der Welt verloren, verloren mit dem Glauben an Gott, der ja noch nie so richtig da war. Außer den Gott, den ich Monate vorher kurz ebenfalls in mir fand, den ich als mich seiend fand, der war nun nichts mehr wert, meine Macht verschwunden, durchschaut als Illusion. Doch noch immer die Illusion, richtige Entscheidungen treffen zu können. Zu wissen, ohne zu wissen. Das Leben als russisches Roulette.

Irgendwann, und es müssen oder könnten Stunden gewesen sein, ein Aufraffen. Irgendwann standen wir dann doch auf zwei Beinen. Diese Zeit, sagen wir zwei Stunden, kam mir vor, als hätte ich sie dreimal durchlebt. Jedenfalls mehrfach. Wie in einer Zeitschleife gefangen. Immer wieder zu einem Moment der Entscheidung kommend, zu einem entscheidenden Moment über Leben und Tod oder zumindest über Fortsetzung oder Wiederholung.

Als hätte ich immer wieder die falsche Entscheidung getroffen, wurde ich in der subjektiv wahrgenommenen Zeitschleife nach rückwärts versetzt. Der ganze Film noch mal. Einen Bruchstück von Sekunden erinnert, „hier war ich schon", und dann wieder mitten drin wie in Trance.

Es ging nur mehr ums Überleben. Und waren Drogenerlebnisse bis zu diesem Zeitpunkt für mich etwas Angenehmes, das Bewusstsein Hebendes, Erweiterndes, Sicheres, Kontrollierbares, Erfahrbares … - so musste ich nun erkennen, dass ich das, was man einen „Horror-Trip“ nennt, noch nie erfahren hatte. Auch wenn ich mir eingebildet hatte, vor so etwas gefeit zu sein. Doch nannte ich es nicht Horror-Trip, dies zu wissen wäre wohl eine Erlösung gewesen. Sondern ich war einfach nur: in der Hölle. Mit einer unguten Gewissheit, diese möglicherweise nie mehr verlassen zu können.

Es war die Hölle meiner Gedanken. Und die Hölle meiner unbewussten Ängste, die ich bis dahin noch nichtmal kannte. Meine eigene, tief in mir schlummernde Hölle war aufgebrochen. Die Monster in der Freiheit. Rings um mich und überall. Ich: Mitten drin. Eingesperrt in einem Käfig der sich ewig wiederholenden immer selben Stunde. Meine eigene private kleine Hölle hatte sich manifestiert. Materialisiert. Im Außen. Und war überall. Kein Entkommen, kein Ort, wo sie nicht war. Ich trug sie vor mir her.

Nun gut, ein Aufraffen geschah. Es war klar, hier in dieser Mörderhitze ohne Wasser, das geht nicht. Irgendwie wankten wir Richtung Stadt, vom Strand weg. Shiva ging noch neben mir und fragte ‚ob es gut sei‘, und irgendwie, nun ja, schon komisch, war ich auch begeistert von diesem Trip. Oder ich wollte ihn, Shiva, auch einfach nur loswerden, und so drückte ich ihm im Gehen 100 Rupees in die Hand, mich bedankend. Und fort war er.

Um die Paranoia noch perfekt zu machen, schnappten wir von irgendwo Gespräche auf, oder erinnerten uns an Gespräche über gekidnappte Menschen mit herausoperierten Nieren oder anderen inneren Organen. Alles kam zusammen, es war nur mehr Horror und trostlos.

Wir wandelten also erschöpft und ohne Ziel durch die Stadt. Irgendwann erinnerten wir uns des Italieners, Roberto, und gingen also zurück zum Strand zu diesem „Treffpunkt westlicher Rucksacktouristen", und ja, er war da, auch einige andere, und wir nahmen bei ihnen Platz.

Ab dem Zeitpunkt versank ich immer wieder in tiefe Meditation, es schien, als würde ich die Augen nur für Sekunden schließen, und als ich sie jeweils „kurz später" wieder öffnete, hatte sich jeweils die ganze Szenerie verwandelt, und es müssen immer geschätzte 30 bis 45 Minuten dazwischen vergangen sein. Also auch hier wieder komplett verzerrte Wahrnehmungen von „Zeit".

Die Leute saßen beispielsweise herum, und unterhielten sich, ich schloss die Augen, öffnete sie wieder, um mich wieder zu finden in einem Kreis, wo alle das Shiva-Mantra[32] anstimmten, schon länger singend, sich hineinsteigernd, die Energie erhebend, direkt über meinem Kopf. Als würden sie nur für mich singen, als würde all dies nur für mich geschehen, als wäre es eine weitere Initiation, nun „echt", mitten im Leben, durch Existenz, durch Gott, durch die „höheren Sphären". Durch das ganze Universum.

Dazwischen erzählten wir wohl von unserem „Trip", und Roberto meinte einfach nur, dass es halt 24 Stunden dauern würde, da ist jetzt nun mal viel Energie, und da muss man halt durch, hat keine andere Wahl. Essen soll

---

[32] Shiva-Mantra: „Om Namah Shivaya"

etwas helfen und erden. Zucker sei zu vermeiden und macht es schlimmer, besser wäre Fett.

Am nächsten Tag, also lang nach diesem Trip, erzählte er uns dann nach „Analyse unserer Wahrnehmung“ eben auch die Geschichte mit den Stechäpfeln, die in dieser Gegend verwendet werden, und dass eine Überdosierung auch zu „Hängen bleiben“ oder physischem Tod führen kann. Gut, dass er dies nicht während des Trips erwähnte … ;-)

Nun, *während* des Trips war es noch so, dass es den Anschein hatte, wenn die Leute mit uns sprachen, dass sie auf einer ganz anderen „Ebene“ mit uns sprechen. Ihre Aussagen klangen profan, profane Wörter, hatten aber für uns jeweils eine ganz andere, eigene Bedeutung, genau passend zu unserer jeweiligen Empfindung. So als würden „fremde Wesen“ durch sie sprechen, aber eben absolut passend zu unseren jeweiligen Gedanken. Die Frage „geht's dir gut?“ bekam eine gänzlich neue Bedeutung, alles auf den Trip bezogen, so, als wüssten sie ‚von innen heraus‘ wie wir uns jeweils fühlten.

Natürlich kennen dies viele von ähnlichen Trips, für mich war das aber damals neu. Es schien, als hätte ich auf eine spirituelle Art und Weise eine „Initiation in den Geist des Cannabis“ erhalten, ähnlich wie es Castaneda mit den Drogen von Don Juan erfuhr. Tatsache ist, dass ab diesem Zeitpunkt Cannabis bei mir eine gänzlich andere Wirkung hatte. Eine spirituelle Wirkung, eine psychedelische Wirkung, eine halluzinogene Wirkung. Als wäre da in meinem Körpersystem eine Art „Öffnung“ für die erweiterten Wirkungsweisen dieser Droge geschehen, die sich steigerten, veränderten, und letztlich knapp zwei Jahre später dazu führten, den Gebrauch dieser Substanz radikal einzustellen.

Jedenfalls wurde klar, warum diese Pflanze in Indien „das heilige Kraut Shivas" genannt wird und für gänzlich andere Zwecke Verwendung findet, als im Westen. Geht es im Westen meist einfach nur um Entspannung und wohltuende Wirkung, um diesen leichten Rausch und die Leichtigkeit des Seins … - geht es hingegen im Osten eben hauptsächlich um religiöse, spirituelle Erfahrungen mit transformierender Wirkung. Auch ein typischer shivaitischer Sadhu geht durch einen ähnlichen Prozess, anfangs wird sehr viel Ganja[33] konsumiert, später immer weniger, und irgendwann fällt es komplett ab.

Nun zurück zur Geschichte: Nach vielen mystischen ‚Unterhaltungen' mit den uns in und durch die anderen Anwesenden erscheinenden ‚Geister', mit dieser „absoluten Intelligenz in den anderen Wesen", mit dieser auf mythisch-magische Art und Weise verstehenden Verbundenheit hatten wir uns irgendwann so weit erholt, um zurück ins Zimmer gehen zu können und die Nacht zu verbringen. Diese war geprägt von vielen Gedanken, Visionen, inneren Bildern die im Detail nicht memoriert werden konnten; war sicherlich das Gegenteil von ‚erholsam', aber langsam wurde am nächsten Tag schrittweise die Welt wieder zur Welt, wie wir sie kannten.

---

[33] Ganja: Indische Bezeichnung für Marihuana.

Zunehmend schöpften wir neue Kraft, und zunehmend war ich nicht nur froh über mein Überleben, sondern wurde auch neugierig, was da geschehen sei ... - allein der Fakt des Überlebens machte den „Horror"-Trip im Nachhinein doch ... zumindest interessant.

Dies führte dazu, dass ich prinzipiell nicht abgeneigt war, weitere Experimente folgen zu lassen, obschon dies eher die Funktionsweise des Verstandes zeigt, etwas Besonderes wiederholen zu wollen, was natürlich meist nicht gelingt.

Zuerst ging es aber noch um die Beziehung zu Garima aka Karin.

Eine Mail aus dieser Zeit:

```
Hallo mein bester Freund,

danke fuer Deine Antwort.
Naja, irgendwie ist es bloed mit den emails,
weil zwischen den mails liegt ja doch sehr viel
zeit, nicht wahr, und da aendert sich wieder
alles. Wenn ich Dir antworte, ist Deine Antwort
2 wochen her und man weiß ja gar nicht mehr so
genau was man geschrieben hat...

oiso, bei mir ist wieder einiges "anders":

bin jetzt in puri gelandet. geile stadt. besser:
dorf. Endlich "landleben", meer, tolle straende,
natur, tempel, etc. einfach genial hier. hier
ist alles. puri ist in orissa. in ost-indien.
suedlich von bengalen, noerdlich von tamil-nadu.
es ist der staat, der am meisten rueckstaendig
ist (soll fuer uns heissen: am meisten altes
wissen vorhanden...). die arier und die moslems
sind nie ganz bis hierher gekommen.

in orissa sind 25% der einwohner UR-einwohner,
meist im dschungel lebend, nackt, kultig,
witchcraft, etc. jeder stamm hat eigene sprache.
sie kennen eigentlich nur zwei goetter, mit
verschiedenen namen, fuer die hindus sind es
einfach shiva und kali. alle sehr auf kali, sehr
kultig. tw. komm ich mir vor wie in einem
woodoo-film aus hollywood. hier gibt es
menschen, die haben frau und kind an kali
geopfert, oder ihr eigenes auge ausgestochen,
etc. sehr blutige riten.

habe gerade vor ein paar minuten ein angebot
erhalten, fuer zwei monate in den busch zu gehen
und nackt zu leben und rituale zu lernen, um
dann nach zwei monaten in einer vollmondnacht
auf einem friedhof von kali gekoepft zu werden
(ich hoffe, es ist nur das ego gemeint, weil ich
```

ueberlege tatsaechlich, es zu machen...). ich werde die leute in ein paar tagen treffen, sie kommen aus dem dschungel und ein deutscher, der hier seit 5 jahren lebt und taekwondo unterrichtet, ueberlegt es sich auch...

es ist alles NOCH viel billiger hier, das zimmer kostet mich (gabi hat ein eigenes...) im monat OeS 360,--, doppelzimmer, gross, rein, mit eigenem bad... (natuerlich mit waschklo, ich wasch mir hier auch schon laengst nach dem scheissen den arsch mit der hand und mit wasser, ist eigentlich hygienischer als mit papier herumzuwischen und zu rubbeln, oder ??? (nachher natuerlich die hand mit seife...)).

naja, in der gegend sind auch 3 kriya-yoga ashrams, aber untantrisch, die gleiche sekte wie die aus wien (der alte mann, 92 jahre, den du aus dem bewusstsein kennst, stammt von puri, wurde hier von seinem guru initiiert, hier ist also das kriya-yoga-zentrum...).

ausserdem ein netter tantratempel mit vielen symbolen (nackte figuren die sich bumsen, etc.).

vor zwei tagen habe ich den "trip" meines lebens gemacht, ich wurde (mit garima...) zu einem tempelhinterhof gefuehrt, dort bekam ich ein "bang-lassi". "bang" ist hier eine spezielle droge, aus bestimmten blueten von hanf, aber maennlich und sehr jung oder so, jedenfalls nicht vergleichbar. ausserdem mischen viele opium und stechapfel und anderes dazu. ich weiß nicht, was in meinem zauberdrunk drinnen war, und ein 17jaehriger shiva hat uns begleitet.

es war ein wahnsinn. alles. psychedelisch, hallizinogen. Jedenfalls totaler verlust jeglicher kontrolle, das ego war tod. ausgestiegen. habe alle seelen gesehen. andere kommunikation. es war, als wuerde die initiation von kali beendet, als waeren die hoechsten seelen der welt anwesend. sogar luzifer war da, unglaublich aber wahr. ich habe selbst noch nicht alles notiert, es ist zuviel.

auf der anderen seite hatte ich auch panik, todesangst, extreme todesangst. wie schon in varanasi (der todesstadt) bei einem trip am ganges. irgendwie fuehlt es sich so an, als haette nur mein ego angst zu sterben. wobei ich immer dachte, dieses "sterben" vom ego waere nur symbolisch gemeint. dann, wenn es aber so weit ist, fuehlt es sich so an, als muesste ich WIRKLICH (physisch !!!) sterben, und davor habe ich noch immer schreckliche angst...

vieles ist echt, was ich vorher nicht dachte. das 3.auge kann wirklich sehen, vieles ist viel realer als man normalerweise denkt... vieles ist viel physischer als ich angenommen habe. ALLES stimmt WIRKLICH...

also, kann es sein, dass ich wirklich sterbe??? (will ich natuerlich nicht..., keine Angst, ich passe (noch) auf).

vor allem garima denkt, ihre aufgabe in indien ist es, auf mich aufzupassen. sie hat schreckliche angst, ich wuerde austreten und nicht mehr zurueckkommen, so wie es ihr verstorbener mann michael vor seinem tod gemacht hat... eine panik, eine angst, was ist er, was bin ich, was ist nur ihres davon ??

der trip war jedenfalls phantastisch. denke ich zumindest jetzt, da ich ihn ueberlebt habe. manche sagen hier, dass, wenn man zuviel davon erwischt, ein gewisses risiko eingeht, sterben kann, oder zumindest lebenslang verrueckt ist. naja, ich war ja schon immer ein mensch des risikos...

in Puri ist also alles moeglich. ich kann dir auch nicht sagen, was zwischen garima und mir ist. im moment seit 2 wochen mehr oder weniger freundschaft, kein sex, keine beziehung. vielleicht gehen unsere wege getrennt weiter, vielleicht finden wir hier total zueinander, ich weiß nicht.

es wird davon abhaengen, was jeder sonst noch machen will. Vielleicht ist das das geheimnis. jeder sollte in SEINER energie sein, damit wunderbares passieren kann. wenn es dann nicht die GLEICHEN ereignisse sind, what shalls. dann ist es so. die seelen machen untereinander viel mehr aus, als uns jemals bewusst ist. alles, was wir je ueber seelen-zu-sein glaubten, war doch wieder nur ego. die "echte seele" kann nicht einmal 2 sekunden vor oder zurueckdenken, und in diesem jetzt ist die ewigkeit, nichts, und das totale chaos. aber ALLES was passiert, erzeugt die seele, nichts das ego. wir glauben, wir haben die macht. wir haben NICHTS.

ergo. was soll ich tun? soviele moeglichkeiten. hier ist ALLES. In Puri ist wirklich alles, was ich je ertraeumte. ALLES? nein !!! alles nur aussen ! innen: was ist da? was eigentlich "fehlt" (wirklich???)ist: liebe, beziehung, sex. davon ist nix da. das fehlt mir.

eine gelegenheit anzuschauen was ich wirklich will...

mit dem mind kann ich nix mehr entscheiden. manchmal im leben hat man eine Gelegenheit. Man kann sie wahrnehmen, oder auch nicht. Manchmal hat man auch ZWEI Gelegenheiten. Man kann sich fuer die eine, oder fuer die andere entscheiden. oder auch fuer "weder-noch". das ist seltener. und schwieriger. Manchmal hat man auch VIELE Gelegenheiten.

Das ist schon sehr schwierig. Ich habe jetzt ALLE Gelegenheiten, das ist am schwierigsten, dann herrscht absoluter Stillstand, der Mind kann sich nicht mehr entscheiden, nicht mehr bewegen...

Also, wozu dann noch entscheiden, wozu tun? Hier kann ich nun lernen, was ECHTER latihan ist, naemlich gar nix mehr tun, sich nur mehr fallen lassen, warten, zuschauen. einfach nix mehr wollen, nur mehr zuschauen was passiert.

Klingt leider toller als es ist, weil ich WEISS das, KANN es aber noch nicht, bin wie gelaehmt. WILL es, und WEISS nicht wie. oh gott...

Naja, genug geredet.

Bitte, bitte, bitte, lieber Freund: Ich habe in den letzten zwei Monaten nur EINE Mail von Gucki bekommen. Was ist mit ihr los??? Kann sie nicht mehr internetten? ist alles ok? Will sie nicht mehr internetten???

Bitte, bitte, ruf an und sende DU mir auf jeden fall eine kurze mail gleich in den naechsten tagen was los ist. bitte, tu mir diesen freundschaftsdienst auf jeden fall - auch wenn gucki sagt, sie schreibt mir gleich, dann schreibe mir wenigstens das, was sie gesagt hat.

viele viele gruesse auch an silvana. ich mag nicht an alle das gleiche schreiben, und du bist der letzte, der mit mir wirklich kontakt gehalten hat. also schreibe ich alles an dich und du kannst dann den brief silvana ja lesen lassen.

Viel Liebe und ich denke (hoffe) vor meinem dschungelabenteuer melde ich mich noch einmal.

Dein Freund
Deva
(Yogi Devananda Naatha)

Weg-Gabelung

Wir verstanden uns diese Tage nicht sooo schlecht und waren noch immer überzeugt, gemeinsam weiterreisen zu wollen. Dennoch merkten wir, dass es gleichzeitig auf diese Art und Weise nicht weitergehen konnte, und irgendwann beschlossen wir, unsere Reiseroute zu ändern.

Noch bevor wir aus Wien aufgebrochen waren, war eines unserer Hauptziele immer Südindien gewesen, und nur aus klimatischen Gründen hatte uns der Weg zuerst in den Norden geführt, und dann Richtung Osten, und nun langsam an der Ostküste gegen Süden. Noch immer hatten wir bis zu diesem Zeitpunkt vor, irgendwann in Madras zu landen, irgendwann im romantischen schönen Kerala. Doch mehr und mehr schwanden die ursprünglichen, die gemeinsamen, Träume und ich weiß nicht mehr warum, aber irgendwann beschlossen wir, die Reise durchs restliche Indien hier erst mal abzubrechen und zurückzukehren zum Ausgangspunkt, nach Poona, in den Osho-Ashram, den wir doch recht vorzeitig und doch recht hauptsächlich aus Gründen der Eifersucht verlassen hatten. Immerhin war dort noch das einzige „gelebte Tantra nach unserer Vorstellung", das wir finden konnten. Zurück also zum Ausgangspunkt und Ursprung.

Gesagt getan, ein Ticket mit dem Zug quer durch Indien zurück zur Westküste war schnell gebucht und bis zu unserer Abfahrt blieben noch einige Tage Zeit.

Und wie das eben so in Puri ist, dieser verrückten Stadt in der ein Großteil der Einwohner Bang ähnlich konsumiert wie in westlichen Städten vergleichsweise Alkohol, gab es auch hier noch die Möglichkeit, etwas ‚Härteres' auszuprobieren, günstig und einfach wie nirgendwo, einfach ‚ein bisschen unter der Hand' bei den staatlichen Cannabishändlern ... und diese Möglichkeit nannte sich: Opium.

Generell stand ich dieser Droge bisher eher ablehnend gegenüber. Vor den Gefahren einer unmittelbaren Sucht war ich gut gewarnt, und die versprochene Wirkung, tiefe Entspannung, war auch nicht so anstrebenswert für einen Menschen, der ohnehin gelernt hatte, auf natürliche Weise zu meditieren und sich in einen yogischen Tiefschlaf zu versetzen. Aber der Reiz des Unbekannten, verbunden mit der Einfachheit der Beschaffung, verbunden mit dem Überleben des letzten, unerwartet gefährlichen Trips war dann doch stärker.

Also besorgten wir uns ein paar Stück davon, machten ein kleines Ritual, und verspeisten was uns gegeben. Ja, Opium kann man auf viele Art und Weise zu sich nehmen, und es einfach zu schlucken war eine der dort üblicheren Gepflogenheiten.

Es war abends, und wir warteten auf die Wirkung. Relativ bald stellte sich tatsächlich eine tiefe Entspannung ein, nichts wirklich Großartiges, Neues, Überraschendes, einfach ein tiefes In-Sich-Versinken, verbunden mit ein paar inneren Bildern und „geistiger Wachheit im Tiefschlaf", so könnte man das bezeichnen.

Doch dauerte diese Wirkung nur einige wenige Minuten, vielleicht auch bis zu ein zwei Stunden. Und dann: bekam ich unerhörte, schreckliche, schlimme, quälende … Bauchschmerzen. Es war ein richtig fester Krampf im Magen, im dritten Chakra, in meiner „Problemzone", und ich hatte absolut keine Chance, irgendetwas dagegen oder damit zu tun, musste dies einfach hinnehmen ohne Chance auf irgendeinen Ausweg, noch dazu von außen selbst zugefügt und induziert.

Der Rest der Nacht verlief abwechselnd auf die genau gleiche Weise. Phasen von Erleichterung und tiefer Entspannung wechselten mit Phasen entsetzlicher Bauchkrämpfe. In den Phasen tiefer Entspannung waren vielleicht auch ein paar tiefere Einsichten, aber das war's auch schon, und es waren keine Einsichten, deren Memorierung irgendwie wichtig oder bedeutend gewesen wäre, außer vielleicht einer Einzigen:

Karin hatte keine Krämpfe, es ging ihr gut. Was sie innerlich erfuhr, weiß ich nicht. Sie wirkte nicht so, als hätte die Droge überhaupt irgendeine Wirkung. Von außen her war sie mit mir und meinen Krämpfen beschäftigt, oder zumindest konfrontiert. Ich litt wie ein sterbender Hund …. und von ihr kam: Nichts. Zumindest habe ich nichts wahrgenommen. Kein Trost … und vor allem keine Hand, die warm oder zärtlich, vielleicht liebevoll oder wenigstens ein bisschen wohltuend auf meinem Bauch geruht hätte, um das Ertragen dieser Schmerzen halbwegs erträglicher zu machen. Nichts. Einfach Nichts.

Später sagte sie mir einmal, sie hätte innerlich gebetet, das wäre das Einzige gewesen, was sie für mich tun hätte können.

Für mich war das aber eine Riesenenttäuschung. Ich fühlte mich nicht geliebt, ich fühlte mich im Schmerz absolut alleine gelassen und das war vielleicht die einzige innere Erkenntnis, die mir in dieser Nacht widerfuhr: Zu erkennen, dass ich immer schon alleine war, immer schon ganz allein auf mich gestellt, nicht damit rechnen dürfend, von irgendwo in Not Hilfe zu bekommen, alleingelassen von Anbeginn, schon als meine Mutter mich verließ, als ich noch ein Baby war.

Nach dieser Mutterprojektion und deren Erkenntnis musste ich mir am nächsten Tag eingestehen, dass mir Karin nicht das geben konnte und wollte, was ich zu diesem Zeitpunkt brauchte, dass mir vielleicht niemand das geben könnte, aber ganz klar: zumindest nicht sie.

In dieser Nacht war etwas in mir zerbrochen, und nicht nur aus Trotz, nein auch aus innerer Erkenntnis sinnierte ich den ganzen Tag über nach, ob ich wirklich mit Karin weiterreisen wollte. Den Tag, den Abend, die Nacht über und am nächsten Morgen. Und dies war der Morgen, an dem der Rucksack gepackt werden sollte, der Zug ging am späten Vormittag und ich sagte zu Karin einfach, dass ich das Ticket verfallen lasse und nicht mitreise. Es war unsere Trennung. Ja, nun war es so weit.

Natürlich hatte ich Bedenken, sie tagelang alleine quer durch Indien reisen zu lassen, und natürlich stellte ich ihr frei, weiter mit mir Richtung Süden zu fahren, unserer ursprünglichen Reiseroute, doch auch ihr Entschluss war fix: Sie wollte nach Poona, sie wollte abbrechen, es zog sie dorthin .... und ich wollte bleiben.

Unter Tränen haben wir uns verabschiedet, noch mal umarmt, sie sagte noch einmal „Ich weiß nicht, ob das jetzt das Richtige ist“, aber wir trennten uns, und sie ging ihrer Wege.

Alleine

Irgendwie hatte ich darauf gewartet. Irgendwie wusste ich, so richtig klar im Kopf und in der Lage die Situation zu beurteilen, wäre ich erst, sobald ich wirklich alleine bin. Und so war es dann auch, und es war nicht so, wie ich es mir zuvor vorstellte.

Es war schrecklich und ich brach nach ihrer Abreise zusammen. Es war ein innerlicher Zusammenbruch ohne jeden äußerlichen Halt. Nun war ich allein in einer indischen Stadt, erstmals, völlig allein in der Fremde, wie noch nie zuvor in meinem Leben. In einer völligen Fremde.

Ich wanderte rastlos umher, in tiefer Trauer und Verzweiflung, versuchte anfangs, meinen Kummer zu ertränken, doch zeigte dies keine Wirkung. Ich trank Bang und rauchte Gras, doch auch dies zeigte keine Wirkung. Es war einfach nichts anderes möglich, als diesen Schmerz ‚einfach' zu ertragen. Und das tat ich ... tagelang.

Ein Nachreisen kam nie infrage, dieser Gedanke kam nie auf. Anscheinend hatte ich zumindest unbewusst die volle Absicht, mich zu quälen und diesen Schmerz zu ertragen, durchzustehen. Ich wusste instinktiv, dass all dies so sein sollte.

Und einen großen Vorteil hatte diese Trennung: Ich war nun allein für mich verantwortlich, musste mich vor niemanden rechtfertigen, auch nicht für meine Dummheiten, und so bestellte ich bei meinem „Hauskoch", jenem, der mir Wochen zuvor schockierenderweise die Tötung eines scheinbaren Nebenbuhlers angeboten hatte, ein weiteres Banglassi. Er versprach, es wäre ‚very special', das „beste Banglassi das ich je gehabt hätte".

Nun, so war es auch. Es schmeckte wirklich vorzüglich. War voll mit allen möglichen frischen Früchten, Ananas, Banane, Kokos, Mango. Aber irgendetwas hatte er wohl missverstanden ... *g*

Natürlich hatte er auch *sehr* viel Cannabis zugegeben, aber es war eben einfach nur Cannabis in starker Menge, der Geschmack übertüncht durch massenhaft Fruchtbeigabe, aber das war es auch schon.

Nein, nicht ganz. Ein paar Effekte des ursprünglichen Trips haben sich wiederholt, gottlob keine Horrorgeschichten, aber sehr wohl die merkwürdigen Zeitwahrnehmungen. Nur geschah es diesmal, dass ich an einem Tisch im Restaurant die Augen schloss, mindestens 15 Minuten in mir ruhte, meditierte, innerlich schwebte, und als ich dann die Augen wieder öffnete: ging das Außen diesmal genau dort weiter, wo es war, bevor ich die Augen schloss. Also geradezu umgekehrt zu den Effekten des ersten Trips.

Das war dann eben so, dass mein Gegenüber die Gabel gerade zum Mund führte, ich die Augen schloss, nach scheinbaren 15 Minuten wieder öffnete, und er in diesem Moment die Gabel weiter zum Mund führte und eben diesen Bissen aß, den er zuvor vorbereitet hatte!

Es schien, als wäre die Welt von mir abhängig, von meiner Präsenz, würde ohne mich „stoppen" und erst dann wieder weitergehen, wenn auch ich wieder anwesend wäre.

Hatte sie beim ersten Trip ohne mich zeitliche Sprünge gemacht, so war sie nun auf eine Art verzögert. Es fühlte sich an, als wäre ich der Mittelpunkt der Welt, um den sich alles dreht. Und dies erzeugte auch ein Gefühl von Macht, von unendlicher Macht.

Ja, es war nun so, als würde es gar keine Welt geben, wenn ich sie nicht wahrnehme. Als wäre alles nur Fiktion, was außerhalb meines Wahrnehmungsbereiches geschah. Als gäbe es gar keine Karin „irgendwo", als wäre sie komplett verschwunden in Nicht-Existenz. Als würde nichts ohne mich existieren.

Dieser Trip war also relativ interessant und angenehm und eine wohltuende Linderung der Erlebnisse zuvor und hatte keine unangenehmen Nebenwirkungen mehr.

Alles in Allem schaffte ich es, wieder mehr zu mir zu finden, und eine Zugreise gen Süden zu buchen. Das Ziel hieß Madras, eine schöne größere Stadt im südöstlichen Indien, direkt am Ozean, die Fahrtdauer war mehr als 24 Stunden mit einem kurzen Zwischenstopp.

Davor, am Tag der Abreise, lernte ich noch ein lustiges österreichisches Pärchen kennen, die mich auf etwaige Schwierigkeiten, die ich nach meiner Rückkehr haben könnte, vorbereiteten. Sie erzählten, dass sie beim ersten Mal ebenfalls monatelang durch Indien reisten, ‚immer der Nase nach', so lange an einem Ort blieben, solange es ihnen eben gefiel, um dann jeweils nach einigen Wochen weiterzureisen. Zurück in Österreich fühlten sie sich erst mal in ihrer Wohnung wieder wohl und ‚zu Hause', doch nach einigen Wochen überkam sie das unbändige Gefühl, auch hier ihren Rucksack zu packen und ‚weiterzureisen', und fühlten sich dann, durch die Realisation ja wirklich ‚zu Hause' zu sein erst mal geschockt und wie in einem Gefängnis.

Na gut, solche Erfahrungen hatte ich ja dann noch vor mir. Und eine eigene Wohnung hatte ich ja auch nicht zurückgelassen, also machte ich mir da erst mal keine großen Sorgen.

Die Reise im Zug war angenehm, ich lernte ein paar junge Koreaner kennen und rauchte mit ihnen Ganja. Es war das erste Mal, dass ich dabei paranoide Zustände erfuhr und ich beschloss, den regelmäßigen Konsum einzustellen, was im Wesentlichen auch gelang.

Ich nutzte auch die Zeit, über all diese Gelegenheiten nachzudenken, die sich mir in Orissa geboten hatten und die ich durch all die Trips ausgelassen hatte. Zufällig war ich in einen Kriya-Yoga-Ashram gestolpert und hätte mich dort einquartieren können. Jemand anderer bot mir an, mehrere Monate mit einem Stamm nackt zu leben und am Ende ein Initiationsritual auf einem Friedhof zu machen (…). Eine einwöchige Reise durch den Dschungel, die uns angeboten wurde, und die wir aus Angst ablehnten. So viele Türen gingen auf … zu viele Türen, um wirklich wählen zu können. Und jetzt diese Reise allein gegen Süden … ein letztes Aufbäumen der Suche, ein letztes intensives Mal nach „Babaji" zu forschen.

Spezial: Aus dem Jenseits dieser Zeitlinie

Und auch jetzt, beim Schreiben dieser Zeilen, tauchen so viele Erinnerungen auf an Orissa – und ich weiß nicht mehr, was ich schon erwähnte, was weggelassen wurde. Seit mehr als einem Jahr habe ich schon nicht mehr an diesem Buch geschrieben – und die Zeit, die ich beschreibe, liegt mehr als 10 Jahre zurück. Vor etwa vier Jahren begann ich mit diesem Buch… - immer wieder große Unterbrechungen.

Im Vergleich dazu: … hatte ich mein erstes Buch mit fast 300 Seiten in einem Monat fertig geschrieben. Mein zweites, dünneres Buch war eine Sache von ein paar Wochen.

Und nun die Gewissheit, es auch noch mal komplett überarbeiten zu müssen, ergänzen hie und da…. vielleicht ein paar E-Mails dazugeben, ein paar Fotos, diese Reise wirklich authentisch beschreiben. Meine letzte Reise. Die letzte Reise, die dieser „Edgar“ jemals tat.

Und es sind die letzten Wochen, die nun vor mir liegen. Die vor mir liegen, um sie zu beschreiben, und die in der Geschichte vor mir liegen. Die ich damals noch nicht kannte, deren Ende ich damals noch nicht kannte. Ein riesiger Berg… und immer mehr nähere ich mich dem Ende. Einem großen Ende. Einem absoluten Ende. Ein Punkt. Ein echter Punkt des Lebens. Mit Ausrufezeichen. Nun denn…. begebe ich mich abermals in diese Zeit.

Madras, lebendiges Südindien

In Madras angekommen ließ ich mich wie üblich direkt vom Bahnhof in ein günstiges Hostel chauffieren und erholte mich erst mal von der langen Zugfahrt.

Doch dann begann langsam die Auflösung. Die Auflösung dessen, was ich war, was meine Persönlichkeit darstellte, wer ich bin, wie ich mich wahrnahm, wie ich überhaupt irgendetwas wahrnahm und ob ich das, was ich wahrnahm, auch für wahr nahm. Eben die ganze bisherige Realität.

Cannabis hatte ich nun schon mehrere Tage abgesetzt, und doch oder auch gerade deshalb spürte ich von Tag zu Tag mehr und mehr Energie. Ich begann weniger und weniger zu essen, trank zunehmend nur mehr Wasser, davon mehr und mehr. Musste weniger und weniger schlafen. Manche Nacht nur drei bis vier Stunden. Das ging so weit, dass ich morgens um vier oder fünf Uhr wach wurde, losging, und ruhelos durch das morgendliche Madras wanderte – stundenlang. Bis irgendwo eine kleine Kneipe oder ein Straßenstand aufsperrte, und ich ein kleines Frühstück zu mir nahm.

Ich war voller Energie, wusste nicht, wohin damit. Also gab es nur gehen, gehen und gehen. Und schauen. Und beobachten. Immer weniger begann ich mit der Umwelt zu interagieren, immer mehr zog ich mich auf diese innere

Beobachtung zurück. Der Körper voller Energie, und im Außen offenbarte sich mir mehr und mehr ein Schauspiel.

Es begann in einem kleinen Restaurant, in dem ich die Kellner und deren Umgang mit den Gästen beobachtete. Es kam mir vor, wie eine kosmische Verarschung. Nichts wurde von denen Ernst genommen, Speisen aus meiner Sicht offenbar bewusst vertauscht, an den falschen Tisch gebracht, keine Antworten waren „ernst gemeint". Immer ein inneres lächeln. Wenn ich den Menschen in die Augen sah und sie in ihrem Tun beobachtete, zumindest manchen Menschen, die auf mich sehr bewusst wirkten.... – dann schien alles nur ein kosmisches Spiel zu sein.

Ich hatte damals keine Erklärung dafür, habe „so etwas" noch nie gesehen. Da ich „die Wahrheit" noch nicht kannte, hielt ich diese Menschen teilweise für „E.T.'s" – oder zumindest wirkten sie so auf mich. So als wüssten sie etwas... - was andere nicht wissen. Als wäre all dies hier nicht echt, nur gefaked – wie mit einer Art versteckten Kamera. Heute sehe ich es so, dass sich damals für mich die Grenzen zwischen bewusst und unterbewusst aufzulösen begannen. Ich sah nicht mehr nur den bewussten Anteil des menschlichen Geistes, sondern auch völlig direkt den unbewussten Anteil – und er wirkte so, als wäre er das „wahre Bewusstsein".

Ich begann erstmals, ein Stückweit hinter die Kulisse zu gucken. Hinter die göttliche Kulisse – hinter den Schleier von Maya. Ich sah Gott in Aktion, noch nicht wissend, dass er Gott war. Dass sie Gott war. Dass es Gott war. Und so konnte ich mir merkwürdige Konzepte zurechtspinnen, je nach Wahl das Gesehene als E.T. oder als Engel oder als was auch immer bezeichnen.... Tatsache war aber: Das geschaute war für mich absolut neu.

Merkwürdige Menschen kreuzten meine Wege, ein Suchender, der seinem Meister, der angeblich vom Papst verfolgt wird, seit Jahren nachreist und immer ein paar Tage zu spät kommt... - um dann weiterzureisen, zum neuen aktuellen Aufenthaltsort seines Meisters. Bauernfänger auf der Straße, die meinten, sie wären von Sai Baba aus dem Nahen südindischen Ashram geschickt worden, um mich zu finden und zu ihm zu bringen. Ich nahm all dies war, mehr amüsiert denn ängstlich, interessiert, neugierig... aber ohne darauf direkt zu reagieren. Ein Beobachten, ein Schauen, ein Bezeugen.... ohne Tat, ohne Entscheidung und auch ohne Bewertung. Einfach nur ein: Staunen. Es war wie im Kino... ich aber mittendrin, in 3D, wie auf einem „Holodeck[34]" aus Star-Treck.

[34] Holodeck: In der Science-Fiction-Serie Star-Treck ein hochtechnisierter Raum, in welchen (auch bewegte) Hologramme auf derart realitätsnahe Weise projiziert werden, dass ein sich darin aufhaltender Mensch den Eindruck erhält, sich tatsächlich in der vorgespielten Realität zu befinden.

Diese Zeit in Madras habe ich durch folgende E-Mail an Freunde festgehalten:

> Hi alle miteinander (beste Freunde)
>
> schreibe wieder mal an alle zusammen. Achtung Karin, wennst das liest, wichtige Infos von Drogen und Kundalini und Psychose enthalten...
>
> naja. irre diese stadt. sitze und warte dass wer chattet. heute war ich in einer art shopping city. Bin mit einer Rolltreppe gefahren. Arges Gefuehl. Der Aufzug war mir doch zu heavy. Und die U-Bahn trau ich mich auch nicht. Da waren sogar Frauen mit Mini, und es war sehr kalt (Klimaanlage).
>
> In Puri habe ich eine Oesterreicherin getroffen, die hat gesagt, nach dem ersten nach Hause kommen (von Indien) hat sie sich ein Monat eingesperrt und mit niemanden geredet. Kann ich mir vorstellen ! Die Leute hier in der Stadt sind extrem hektisch. weiß nicht, was die alle nachlaufen. nicht auszuhalten.
>
> Habe gerade einen Typen aus SriLanka getroffen. Der haut sich auch ueber die Leute ab. Also ist es doch nicht nur ein Dauertrip, sondern auch die Stadt. Er ist auch auf "Shanti-Shanti". Kennt hohe Leute vom SaiBaba-Ashram. Kann mir vielleicht ein Treffen arrangieren
>
> (normalerweise sind dort 1000de leute und keiner dringt bis sai baba vor.
>
> der koennte mir aber angeblich helfen. bin naemlich auf eine art dauertrip. anscheinend hat mich endgueltig die kundalini erwischt. Es ist doch sehr schlecht, zu rauchen UND kundalini-Yoga zu machen, da die Energiebahnen extrem geoeffnet werden und dann schon eine kleine

Dosis Hasch den Brain rausschiessen kann (Psychose, vor allem als PARANOIA wahrnehmbar !!!)

Habe auch relativ viele Angstzustaende.

Karin und ich (b)rauchen nur mehr sehr wenig und trotzdem extreme wirkung (solange wir zusammenwaren...) mittlerweile rauche ich nix, keine Drogen, nur mehr Kobraatmung und das yoga vom guru.

habe extreme zustaende seit puri. in madras besonders. trotz keiner drogen wechseln einander ab:
1. das high von donnerskirchen ala exstasy, stehe ueber allem "drueber".
2. liebesgefuehle fuer menschen.
3. sehnsucht nach Karin
4. loslassen von Karin
5. extreme wallungen und schweissausbrueche
6. Angstzustaende
7. totale gelassenheit
8. vibrieren, extrem viel Energie im Koerper
9. Amrita rinnt hinten den kopf runter
10. nur ganz selten ein gefuehl von "normal".

Alleine sehr schwer auszuhalten !!! Denke mir, zu zweit waere es leichter, falls es Dir Karin auch so geht... (war das der Zustand, denn du ein halbes jahr lang nach michis tod hattest, wie bei exstasy ???) haben wir uns DESWEGEN die trennung kreiiert ???

komme mir vor als koennte ich nicht mehr normal denken, auf der anderen seite bin ich hyperintelligent... (z.B. in puri indische schachgrossmeister reihenweise besiegt - ps. Karin: im pinky hams bloed gschaut die inder, hab den meister weggeputzt. 4 mal, weil ers nicht glauben konnte...)

jedenfalls weiß ich nicht: Ist es ein "Haengenbleiben" (auf Cannabis ???), oder ein Entzug (Opium oder Karin?) oder einfach zuviel Zivilisationsschock in Madras ???)

Beim Opium Karin bitte aufpassen. Info an andere: Wir haben ein einziges mal was geschluckt. bei mir fast keine wirkung, bisschen entspannung. danach magenkraempfe, das wars. ist jetzt 6-7 tage her.kann sein, dass davon was zurueckkommt (vom entzug). also Karin: bitte aufpassen !!! ich nehm jetzt GAR NIX mehr (nicht einmal Alk oder Nikotin)

auf der anderen seite bin ich ziemlich gereinigt was energie betrifft. kein alk mehr, seit 2 monaten keine zigaretten. kein fleisch. Wenig fisch. viel zucker (weiß). vielleicht davon zuviel energie.
kombiniert mit einweihungen, drogen, klima, prozesse Karin. Jedenfalls bin ich total daneben. und das alleine in madras (kana do...). und den ganzen tag bestenfalls smalltalk auf englisch mit vollidioten...

mit Karin seit 5 tagen kein kontakt, wahrscheinlich ist sie noch nicht in poona, deswegen kein internet. ich sehne sie herbei, da nur sie die zustaende auch versteht... vielleicht du ein bisschen mein freund, vielleicht auch Gucki. jedenfalls irgendwer der weiter ist als diese ganzen schlafenden halbaffen...

ps Karin: ich bleib sicher hoechstens nur mehr 2 tage da. dann weg. In die natur zurueck. das stadtleben ist ein Greuel.vielleicht habe ich auch sex-entzug? soll ich doch in die disco eine aufreissen. hahaha. ich weiss es net...

im moment wuerde ich vieles probieren was mir hilft. Doch andererseits: sooooo schlecht fuehlt es sich nicht an, nur unheimlich EINSAM in

```
diesem universum.

Karin: wie wir in donnerskirchen durch die
strassen sind und die wesen um uns wahrgenommen
haben - so fuehlt es sich an. allein ist das
aber scheisse.

andererseits: ist es erst so richtig, seit du
(Karin) weg bist.

wieso??? wahrnehmung im jetzt ?????? oder ist es
wirklich nur die stadt !!! was mach ich dann
erst in wien...

ok das wars
deva
```

Karin war anscheinend noch nicht in Poona – jedenfalls per E-Mail nicht erreichbar. Also beschloss ich, doch noch „nur schnell mal“ weiter Richtung Süden zu reisen… immerhin, „wenn ich schon da bin, möchte ich auch gucken, ob es hier etwas zu finden gibt“. Und so buchte ich einen Zug nach Pondicherry, einer französischen Enklave ein paar Bahnstunden südlich von Madras – mit der immerhin reizvollen Möglichkeit, auch noch Auroville[35] zu erkunden.

[35] Auroville: Spirituelle Gemeinschaft, gegründet von „the Mother“, der Partnerin von Sri Aurobindo Ende der 60er-Jahre. Dort leben seither in etwa 2000 ehemalige Hippie-Aussteiger, die dort langsam gemeinsam alt werden.

Noch weiter nach Süden

Diese Reise war recht kurz und begann mit einem zweitätigen Aufenthalt in Pondicherry, einer damals für mich recht chaotischen Stadt – und gleich zu Beginn, als ich nach der Ankunft in einem billigen Hotel nur etwas Verpflegung besorgen wollte, habe ich mich stundenlang verlaufen. Jede Straße sah gleich aus, jede Ecke, jede Quergasse – das Viertel wie auf einem Reißbrett entworfen, gerade Straßen, gerade Winkel, längs und quer wie ein paar karierte Striche in der Landschaft. Und wie durch ein Wunder, typisch für die damalige Zeit, stand ich, als ich es endlich aufgab nach Hause finden zu wollen plötzlich direkt vor dem Hotel. Nunja… ich hätte mir natürlich zuvor einen Hotelnamen oder einen Straßennamen notieren können… tat ich aber nicht… und hatte ich bisher in Indien auch nie gebraucht.

Ansonsten war Pondicherry für mich sehr langweilig, außer einer schönen Promenade und dem französischen Flair hatte es für mich wenig zu bieten – spirituelle Besonderheiten oder Sensationen gab es für mich keine. Selbst der Besuch im Aurobindo-Ashram war eher ein „aha, schön, gut“ – mäßig interessant und ich hatte ja auch ansonsten damals kein großes Wissen über diesen Meister.

Etwas außerhalb der Stadt dann das Gelände von Auroville. Ich buchte eine eintägige Besichtigung, doch auch dies war für mich damals nicht besonders ergiebig. Im Gegenteil… die „Überprüfung“ der Schriften von Aurobindo & „the Mother“ ergab für mich ein eher negativ geprägtes Bild… eindeutig „zu sexualfeindlich“ wie ich es damals als Tantriker sah und bewertete.[36]

Ansonsten war ich in keinen besonderen Zuständen, dadurch, dass ich ja wieder permanent in Bewegung war, konnte ich die Energie offenbar kanalisieren.

[36] In späteren Jahren war ich nochmal für drei Monate in Auroville und dies wurde ein sehr schöner Aufenthalt – ich hätte mir sogar vorstellen können, dort dauerhaft zu leben – tantrische Wertvorstellungen waren dann bereits Vergangenheit.

Loslassen - die Erste

Von Pondicherry reiste ich dann für einen Tag noch weiter nach Süden nach Chidambaram, eine reine Tempelstadt, die Nataraj, dem tanzenden Shiva, gewidmet war – immer noch in der Hoffnung, irgendwelche Hinweise auf Babaji zu bekommen, der ja aus Südindien stammte.

Es war eine riesige Tempelanlage, weitläufig, mit vielen indischen Pilgern, ohne westliche Touristen. Ich fühlte mich all dem „Kram“ einerseits überlegen, andererseits konnte ich weniger und weniger mit all dem anfangen. Am meisten berührte mich noch das Lächeln von Kindern, als ich in einer Villengegend spazieren ging… und es war, als würde mir Babaji durch die Augen dieser Kinder zulachen. In den Tempeln allerdings fand ich kein Leben. Nur auswendig gelernte Rituale, Gebete, runtergesagt wie in Trance, automatisiert, von Priestern, die für mich nicht den geringsten Eindruck von „wissend“ oder „bewusst“ machten. Alles wirkte nur wie tote Religion.

Das einzige Hotel im Ort übelster Standard, kein gutes Essen weit und breit, keine Westler, nichts, rein gar nichts. Und nichtmal eine schöne Natur. Kein Internet – abgeschnitten vom Rest der Welt: ließ ich los.

Habe ich damals in Wien, bevor meine Reise begann, den alten Edgar losgelassen, mit all seinem Besitz, eine Totenfeier gemacht, mich nur mehr auf die spirituelle Suche eingeschworen, alles andere von mir gegeben, guten Job gekündigt, den Kindern davongerannt - den Exfrauen ohnehin – Auto verkauft – teure Kleidung verschenkt und auf den Müll geworfen, mich minimiert auf mich Selbst und meine Träume und meine Suche, der Suche nach Besonderheit, der Suche nach meiner eigenen Auserwähltheit…. – so musste ich nun langsam erkennen, dass all dies, vor allem diese Suche nach Babaji… ein Trip war. Und war es kein Trip, so war es doch zunehmend zu Ende. Ich warf es hin – es interessierte mich nicht mehr. Ich habe in diesen Momenten die – wenngleich teilweise nach außen hin geheime - Suche nach Babaji endgültig beendet.

Und was blieb mir? Ein Schritt näher zum Nichts…

Ich kehrte via Pondicherry umgehend nach Madras zurück… freute mich auf das Internet, nahm Kontakt zu Karin auf. Ja, Leben. Ja, Liebe. Ja, Lieben. Ja, Romantik. Ja, Sehnsucht. Und diese Sehnsucht wurde vorerst belohnt:

Karin hatte eine lange Reise quer durch Indien nach Poona hinter sich, mit einem mehrtägigen Aufenthalt in Hyderabad, wo sie sich zwei Tage mehr oder weniger im Hotel einsperrte, da ihr diese Stadt absolut nicht zusagte. Wir begannen wieder von unserer Liebe und unseren Zielen zu sprechen und von der Möglichkeit, uns vielleicht doch wieder in Südwestindien zu begegnen, in Kerala eine richtige schöne Zeit zu verbringen bei Strand, Sonne, Meer, gutem Essen… und Liebe.

Umgehend buchte ich eine Bahnfahrt quer durch Südindien Richtung Westen. Also vorerst zur nächsten größeren Stadt ca. 10 Zugstunden entfernt, Bangalore. Von dort aus wollten wir wieder Kontakt aufnehmen und alles Weitere planen um uns in Kerala zu treffen. Auch sie wollte bis dahin ein Zugticket Richtung Süden lösen.

Im Zug nach Bangalore: Ich als herumstreunender Hippie und Suchender, in jeder westlichen Stadt eher wie ein schmutziger Landstreicher wirkend – und während der Zug Bangalore näher kam, füllte er sich mit schmucken, gestylten, jungen indischen Yuppies, mit Anzug, Krawatte, Haarschnitt, Rasur und natürlich schon damals Handys (!). War Bangalore doch diese aufstrebende indische IT-Stadt, vollgestopft mit Programmierern, die in Niederlassungen amerikanischer und europäischer Computerfirmen dem westlichen Lebensstil frönten, mit „ein paar Dollar mehr" – zumindest mehr als ich, der eher einem indischen Sadhu glich – welch verkehrte Welt sich mir hier im rückwirkenden Spiegelbild auftat.

Es war nicht leicht, ein günstiges Hotel zu finden, eine teure Stadt, eine moderne Stadt – und um den Bahnhof herum auch eine versoffene Stadt – Winehouse hier, Winehouse da – und dazwischen auch mal wo ein bisschen Bier.

Loslassen - die Zweite

Kaum in Bangalore angekommen suchte ich das nächste Internetcafe auf (die Stadt war voll davon und natürlich schon damals mit DSL-Flatrate oder zumindest Standleitungen, immerhin schreiben wir „erst" 1998 und ein Jahr später in Nordindien/Ladhak/Kleintibet hatte ich es fünf Wochen lang nicht geschafft, eine Internetverbindung herzustellen) … und wir konnten sogar chatten !!

Ich: „Hey, freu, hast du ein Ticket, wann und wo und überhaupt".
Sie: „Ähm, nö, bin jetzt doch ein bisschen in die Poona-Energie eingetaucht".

Ein paar Fragezeichen später die Antwort, dass es nun eben doch noch bisschen zu früh wäre, und sie bisschen diese Poona-Energie genießen möchte, und gucken möchte, was es mit ihr macht usw. usf. – wer Poona kennt, weiß, wovon ich spreche.[37]

Päng, Päng, Päng. Später, viel später, erfuhr ich, dass sie sogar schon ein Ticket hatte – aber dann stornierte bzw. verfallen ließ. Mir sagte sie, dass es eben mit dem Ticket nicht geklappt hätte. Okay … Okay …

Verdauen. Am Stand drehen. Was machen? Wohin ??

---

[37] Die Osho-Kommune in Poona war früher besonders auch wegen ihrer sexuellen Freizügigkeit und nicht-monogame Lebensart bekannt ;-)

Jetzt war ich im Nirgendwo-Land. In einer Programmiererstadt… nicht unbedingt der Traum für einen Ex-Programmierer, der die weite Welt sehen wollte und nach INDIEN wollte…. Nach Natur und Spiritualität suchte. Und nicht nach 20-Jährigen Möchtegern-Dollarmillionären die dorthin gehen, wo ich erst herkam.

Was sollte ich allein in Südindien ?? In Kerale schöne Strände angucken und von romantischen Zeiten träumen ???

Nö… also buchte ich natürlich ein Ticket nach Poona.

Nächster Chat:

> **Sie:** „Danke, das ist lieb von Dir, dass du mir noch Zeit lässt und noch nicht kommst".
> **Ich:** „Ähm – sorry… aber ich hab schon ein Ticket gekauft… morgen bin ich da".

Räusper, Räusper

> **Sie:** „ACHTUNG: Da muss ich dir aber sagen, es könnte sein, dass ich mich auf jemanden einlasse".

Haha. ‚Es könnte sein' – als ob das in einer fiktiven möglichen Zukunft liegen würde…. – natürlich war das schon Vergangenheit, war doch klar. Oder war mir natürlich augenblicklich klar. Belogen und betrogen! So fühlte ich mich wieder mal. Wieder mal. „So sind sie die Weiber". Andere Gedanken waren nicht denkbar – andere Gefühle nicht fühlbar.

Klar, okay… und stimmt ja auch: Wir hatten uns getrennt.

Aber die Hoffnung… die Hoffnung. Die musste auch erst sterben, diese Hoffnung. Und stirbt sie nicht am intensivsten und nachhaltigsten durch Lug und Trug?

„BIER HER“. Klingt albern, ich weiß.

Seit vielen Monaten hatte ich keinen einzigen Schluck Alkohol getrunken. Seit vielen Wochen keine Zigarette mehr geraucht, und auch zuvor schon wochenlang nur indische Mini-Möchtegern-Zigaretten in Tabakblätterform („Biddies“).

Es reichte. Der spirituelle Trip. Der Yoga-Trip. Der Gesundheits-Trip. Der „was besonderes sein möchte“-Trip – und vor allem: Der „heiligen Trip“. Ich wollte IHR ein „Heiliger“ sein. Wohin hatte es mich gebracht?? Wo war ich noch authentisch? Ehrlich zu mir selbst? Zu meinen Bedürfnissen? Zu meinen Fehlern? Zu meinen Süchten?

Der Yogi starb an diesem Abend. Devananda Naatha war nicht mehr. Oder nicht mehr so, wie er von sich glaubte, sein zu müssen. Bier wollte ich keines trinken, aber die emotionale Aufruhr reichte zumindest so weit, um in die nächste Bar zu gehen, und mir („wenigstens“) Zigaretten zu kaufen. Kann sein, dass ich auch nur ein Wasser wollte, oder eine Cola, oder unter Menschen sitzen. Aber dort, am Tresen an der Bar, wie im Westen, lehnte ein Mann, trank sein Bier, rauchte seine Zigarette, wirkte zufrieden. Und es war um meine Spiritualität geschehen.

Ein Bier. Ein Päckchen Zigaretten. Immense Energie. Immense Wut. ICH BIN WIE ICH BIN UND ICH BIN DER ICH BIN UND AUS.

Prost. Die Welt hatte mich wieder.

Und das einzige, was ich nun noch wollte, da meine letzten und intensivsten Träume zerbrochen waren: LEBEN. SEIN. Vergnügen !! Einfach nur – endlich wieder – das Leben genießen. So wie es war. Und so wie ich war. Ohne Rechenschaft vor irgendwem - und schon gar nicht vor mir selbst.

Und wo konnte man das besser tun denn in Poona ???

Poona,
Loslassen die Dritte

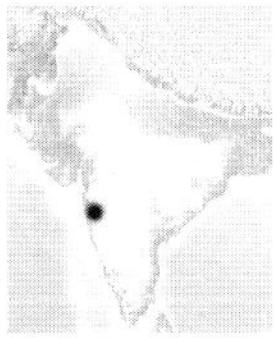

Im Zug nach Poona (natürlich mehr als 12 Stunden Fahrt) konnte ich noch einmal richtig meinem Schmerz frönen. Mir gegenüber ein junges verliebtes zärtliches indisches Liebespaar – das innerlich meine letzten Tränen rausholte. So hätte es gewesen sein können, so war es in meinen Träumen und Sehnsüchten, so war es aber fern meiner Realität.

Die letzte Stunde im Zug war aber absolut gewaltig: Mehr und mehr Vorfreude kam auf … : Auf Poona, auf Sannyasins, auf tantrische Lebensweise. Auf Feiern. Auf ausgelassen sein. Auf frei sein. Und schon in Bangalore hatte ich noch auf die Webseite des Ashrams geguckt und gesehen, dass bald ein 5-wöchiges „Tantra-Intensiv“-Seminar dort stattfinden würde. Also auch ein Ziel, eine Möglichkeit, ein „Warum“ oder besser ein „Darum“. Es war wie ein kleines Nachhause-Kommen… obwohl ich bis dahin ja erst einmal dort war, und nur drei eifersuchtsvolle Wochen mit Karin. Trotzdem hatte es diesen Geschmack von Zuhause, von Leben, von Heilung, von Freude, von Energie. Ja…. all das begann sich in mir zu regen, je näher der Zug dem Bahnhof kam.

Und ich wurde nicht enttäuscht – die Ankunft war überwältigend. Innerlich überwältigend. In mir. Ich selbst. Voller Positivität, voller Freude, voller Liebe für Alles.

Und schon kurz nachdem ich aus dem Taxi stieg traf ich Karin auf der Straße. Hob sie in die Luft voller Freude, drehte mich. Freute mich daran, dass es ihr GUT ging. Dass sie gut aussah. Glücklich aussah. Voll nach Leben aussah. Ich fragte Sie, voller Freude, ohne jede Eifersucht, sie solle mir einfach die Wahrheit sagen, ob sie hier schon einen neuen Freund hätte – und sie sagte „ja" und ich freute mich mit ihr, und zeigte meine Freude und meine Liebe – die einfach so da war.

Irgendwie wollte ich ihr wohl damit auch „beweisen", dass ich so eine Lebensart leben konnte – damit sein konnte. Obwohl innerlich schon ein Hintergedanke da war in der Art „solange du mich auch noch liebst, darfst du jeden lieben, den du magst". In letzter Konsequenz wollte ich also doch eine Hauptbezugsperson bleiben – und blieb es vorerst auch.

Ich selbst war seit unserer Trennung ja mit keiner anderen Frau zusammen… hielt es nun aber für möglich… in letzter Konsequenz fühlte ich mich aber irgendwie doch noch immer gebunden. Vielleicht auch, weil sie mir so offen und freudvoll entgegentrat. Sie war mittlerweile in einer Gruppe die sich „Divine Healing" nannte, und viele Heiltechniken zu einem Ganzen verwob, Elemente aus Shiatsu, Prinzipien aus Reiki, Hingabe und Tun miteinander verwoben – damals wusste ich noch nicht, dass dies tatsächlich ihr weiterer Lebensweg werden sollte, dass sie nun eigentlich „gefunden" hatte – auch einen „Meister" gefunden hatte – und dieser Meister war nicht ich.

Schnell hatte ich ein schönes Zimmer gefunden, mich im Ashram wieder registriert, übliche Formalitäten wie Aids-Test und Roben-Kauf im Schnelldurchgang erledigt. Einen Freund gefunden mit dem ich mich philosophisch – und auch über Frauengeschichten - austauschen konnte. Fühlte mich heimelig. Es war viel Freude da, viel Energie. Ähnlich wie zuvor in Madras habe ich zu dieser Zeit kaum gegessen, nur Wasser getrunken, wenig geschlafen. Jedoch bekam die Energie ein perfektes Ventil, und das hieß vor allem: TANZEN ! Tanzen, tanzen und wieder tanzen!

Im Ashram gab es fast zu jeder Uhrzeit offene Tanzmeditationen und ich konnte mich so richtig verausgaben, all meine Energie ins freie Tanzen legen, Freude spüren, glückselige Gefühle spüren, Bliss – schwebend durch den Tag tanzen. Und mich natürlich für das bald beginnende 5-wöchige „Tantra Intensiv" anmelden.

Nunja, das hatte ich mir zumindest so vorgestellt. Erzählte beim Bewerbungsgespräch von all meinen ach so tollen tantrischen Erfahrungen und Wissen und Seminaren die ich schon so machte – nur: Ich war kein Sannyasin. Erstens. Und zweitens: Ich hatte auch noch kein „kleines" Tantraseminar im Ashram gemacht, war also für die dortigen Veranstalter „Neuling".

„Wir müssen dich erst kennenlernen, übermorgen beginnt ein dreitägiges Tantra-Beginner-Seminar, das wäre eine Gelegenheit dazu". Ich und ein Anfänger-Seminar ?? Das Ego schrie auf… wurde aber von diesem Willen bezwungen, unbedingt dabei sein zu wollen. Ich fühlte mich zu Hause und war bereit, alles zu tun, um hier einzutauchen. Also buchte ich dieses Mini-Seminar… - und meldete mich für die „Sannyas-Nahme“ an, also zur Initiation als Osho-Sannyasin, das war praktisch Bedingung, um überhaupt beim Intensive eine Chance zu haben und sollte noch vor dem Tantra-Intensiv stattfinden.

Zur weiteren Vorbereitung und auch um mich schnell aus dem Prozess mit Karin zu lösen, buchte ich auch eine „Pulsation-Session“, eine Art emotionales Release, therapeutische Sitzung mit Atemtechnik verbunden mit Reich'scher Körperarbeit, ähnlich wie ich es von meinen früheren Seminaren mit Bodhi und Greg Ehmka kannte. Hier wurde mir erstmals richtig bewusst, dass die Abneigung, die ich von Karin spürte, nichts mit mir zu tun hatte. Sondern mit ihr und ihrem eigenen Männerbild, der Art und Weise, wie sie Männer sah – und was Männer ihr in der Vergangenheit vielleicht antaten. Ich konnte mich davon lösen, auch von Schuld lösen, von Gedanken lösen, ich hätte hier jemals etwas „falsch“ gemacht. Im Gegenteil, ich hatte keine Chance… nicht ich, und auch kein anderer. Und auch der Umgang mit meinen Emotionen war: OKAY.

Und solche kleinen befreienden Erlebnisse und Erkenntnisse führten weiter zu noch mehr Glückseligkeit, zu noch mehr Freude, zu noch mehr Hier und Jetzt und Sein und Feiern. Ein Feiern meiner Selbst, ein Feiern des Lebens von Augenblick zu Augenblick.

Und vielleicht auch ein kleiner Wettkampf mit Karin, wer nun der „bessere Sannyasin“ ist, denn das, was sie erfuhr, empfand ich als Beginn und in mir regte sich der Ehrgeiz zu zeigen „dass ich ja schon viel viel weiter bin“

und „eigentlich noch viel besser hierher passe, als sie jemals geglaubt hätte“. Und da passte es nur zu gut dazu, noch vor ihr Sannyas zu nehmen, Sannyasin zu werden, also „richtig dazuzugehören“. Und all das was ein gekränktes stolzes Ego-Selbst oder inneres Kind halt zu spielen in der Lage ist.

Dazwischen tanzen, trinken, wenig schlafen, wenig essen, tanzen, trinken, mit leuchtenden Augen grinsend und lachend und freuend und jubelnd und echt und übertreibend – alles gleichzeitig – sich zeigend durch den Ashram taumelnd, schwebend, tanzend, gehend, schauend, seiend, tuend… aber niemals ruhend. Energie, Energie, Energie.

Einmal ging ich abends auf eine Techno-Party außerhalb des Ashrams, lernte nette Leute kennen, insbesondere einen Motorrad-Typen der später noch kurz wichtig werden sollte; an einem anderen Abend lernte ich eine junge Israelin kennen, die Programmiererin war UND Yoga-Lehrerin und „wie für mich geschickt“ wirkte und die versprach, zu meiner Sannyas-Initiation zu kommen. Näheren Kontakt zu anderen Frauen mied ich aber, zu sehr war Karin noch präsent in meinem Kopf. Zu sehr noch unbewusste Träume vorhanden.

Und so wurde ich letztlich Sannyasin und meine Initiation rückte näher:

Es gab vorbereitende Übungen, ein Treffen, und es wurde uns auch gesagt, dass man damit Osho als seinen einzigen Meister annimmt und akzeptiert – dass dies also ein wichtiger Schritt sei, der gut überlegt sein muss… und ähnliche Instruktionen, die mir insgesamt alle egal waren.

Hauptsache ich gehörte dann dazu. Und insgesamt sagte Osho ja ohnehin viele Dinge, die ich auch so dachte. Also meine Güte, machte ich halt diesen Schritt.

Und der Abend begann überwältigend: Ich war voll in Glückseligkeitsgefühlen, ich tanzte sitzend während der Meditationen, fühlte Energie, Bliss, Freude, Liebe. Und wurde initiiert, bekam den Namen „Swami Anand Vartman", was so viel bedeutet wie „Glückseligkeit" (Anand) und „Hier und Jetzt" (Vartman). Wir bekamen Blumen Mala's, natürlich auch die echte Osho-Mala, eine Urkunde, und nach der Feier warteten rundherum Freunde, die einen dann als „neuen Sannyasin" empfangen würden.

Und ich freute mich auf meine kleine Israelin, doch sie war nicht da. Das war ein kleines Päng… eine kleine Enttäuschung.

Karin jedoch war da. Mit einer Blumen-Mala in der einen Hand, ihrem neuen Freund an der anderen, stellte sie mir ihn vor mit den Worten „wird ja Zeit, dass ihr euch einmal kennenlernt". Bei MEINER Sannyas-Initiation. Das war das große Päng! Wie mit einer Rakete abgeschossen … mitten in den Magen, in den Bauch, in Alles. Ich stürzte ab … grenzenlos tief … grenzenlos schwarz … grenzenlos enttäuscht.

Unendlich traurig ging ich zurück zur Garderobe… aufgebend. Und wollte schon nach Hause, in mein Zimmer, um mich dem Leid und der Traurigkeit hinzugeben. Doch gleichzeitig stieg eine Wut in mir auf, und eine Lebenslust… ein „das lasse ich mir nicht gefallen" im Sinne von

„davon lasse ich mich nicht runterbringen… lasse ich mir meine Sannyas-Initiation nicht zerstören".

Gemischt mit einer Energie von Zorn, Wut, „jetzt erst recht", verbunden mit Lebenshunger, sexuellem Hunger, Berauschtheit mit „jetzt ist alles egal", stampfte ich in die extra aufgebaute Ashram-Disco und traf dort den Motorradtypen von vor paar Tagen aus der privaten Technoparty. Er lehnte an der Bar, neben ihm ein Weib aus Leder, nunja… zumindest mit blondem Kopf, ein paar Jahre älter als ich, Schweizerin, Exinhaberin eines spirituellen Zentrums in Italien. Sexy gekleidet in schwarz, gute Figur… und nur eines ausstrahlend: „Ich brauch heut Nacht einen Mann".

Ich war erregt… nicht sexuell erregt, sondern emotional auf Tausend. Bebend. „Jetzt nehme ich mir die Nächstbeste, die mich haben will". Flirtete. Nahm irgendwann ihre Hand…. Handfläche an Handfläche… und wie durch Zauberhand bebten beide Arme… zuckten nach oben…. Losgelöst von jedem wollen. Eine Energie durchfloss diese beiden Arme so, wie ich es von früher kannte, wenn ich in einen Stromkreis geriet… völlig außer Kontrolle zuckende Nerven und Muskeln.

Staunen.

Nicht viel darüber sprechen. Auch sie offensichtlich staunend. Nichts sagend. Ein leichtes Beben in der Wirbelsäule. Und beginnende sexuelle Erwartungshaltung und Lust. Lust zumindest im Kopf.

Parkplatz. Ich und die Frau. Mein Motorroller. Noch mal eine Begegnung der Handflächen, abermals dieses unbekannte energetische Phänomen. Ich beginne zu glauben, hier wäre eine spirituelle Konspiration, als hätte mich jemand geheim an eine Stromquelle angeschlossen. Die Neugier und die Lust ist größer als die Angst… eigentlich gar keine Angst. Sie hinten auf den Motorroller, wir fahren zu ihr.

Schöne große Wohnung. Sie wohnt schon länger hier, hat hier eine fixe Wohnung für den ganzen Winter. Jedes Jahr. Aus dem Eisschrank zaubert sie: eine Flasche Champagner.

Und erzählt mir, welch ein Wunder dies wohl ist, da der Kühlschrank seit Wochen nicht funktioniert hat…. Und heute muss er sich wieder eingeschaltet haben… und die Flasche gekühlt.

Sie in Leder. Sexhungrig. Keine fünf Minuten vergehen, und wir sind nackt in ihrem Bett. Und natürlich hatte ich eine gewisse Erwartungshaltung, was diese Energie betrifft, die da zwischen uns war, in den Händen. Und Neugierde. Doch es war einfach nur: normaler Sex. Jetzt nicht schlecht, oder bewertend… aber halt Sex so, wie man Sex kennt, wie ich Sex kannte… alles ganz normal, keine besonderen Vorkommnisse *g*

Sie war älter als ich…. und ich hatte keine weiteren Absichten. Später erfuhr ich, dass sie eben auf jüngere Männer stand, und auch in Bezug auf mich sich ein Traum ausbildete, den ich aber von mir weisen musste, denn zu diesem späteren Zeitpunkt: war ich nicht mehr am Leben. Zumindest nicht so, wie zuvor.

Aber alles der Reihe nach:

Am frühen Morgen fuhr ich nach Hause in mein Zimmer und war noch überwältigt von all dieser Magie, die am Abend zuvor geschah. So, als wäre alles „gerichtet“ gewesen, als hätten jenseitige kosmische Mächte ihre Hand im Spiel. Ja, ich bekam langsam das Gefühl, als wäre mein Leben geführt. Und beschützt. Als wäre da jemand, der auf mich achtgeben würde, der besser weiß als ich, was für mich gut ist. Ich hätte es auch „Schutzengel“ nennen können, vom Konzept her. Aber ich blieb einfach im Staunen und Nichtwissen. Ohne es benennen zu können oder unbedingt benennen zu wollen.

Und ich blickte zurück auf mein Leben… und bemerkte, dass immer, wenn ICH etwas tat damit etwas Besonderes geschieht, dies meist oder zumindest oft nicht funktionierte. Und die wirklich tollen und wichtigen Ereignisse in meinem Leben: zufällig geschahen. Ohne mein Zutun. Ohne meine Absicht. Ohne meinen Plan. Ungeplant.

Der Abend erinnerte mich immens an den Beginn meiner Beziehung zu meiner zweiten Frau… war sehr ähnlich abgelaufen. Auch da ein Zufall, auch da ein vorheriges resignieren, abgelöst von „jetzt erst recht“. Ich war damals an einem Sonntag in meiner neuen Wohnung, die gerade frisch eingerichtet war – feierte das Fertigwerden des Renovierens mit Freunden… die dann gingen… und ich war allein. Und ich wollte eigentlich noch fortgehen. Aber es war Sonntag, da war nichts los. „Jetzt erst recht“ ging ich – nichts ahnend – trotzdem in meine Stammdisco… und traf dort dann auf die Frau, mit der ich danach fast 10 Jahre relativ harmonisch zusammen war! Unausgemacht. Ungeplant. „Zufällig“.

Und all die wichtigen Ereignisse meines Lebens fielen mir ein. Und alle waren durch Zufall entstanden. Und nicht absichtsvoll. Nicht tuend. Nicht planend. Und oft auch verbunden mit einem energischen „jetzt erst recht!“. Wo ich mich „überwunden“ hatte... zweifelnde Gedanken besiegt hatte mit emotionaler Energie. Ängste besiegt hatte. Und so, als hätte ich in die Zukunft schauen können, unabsichtlich ohne zu wissen „das Richtige“ tat.... – obwohl es sich – rationell - als „das Falsche“ anfühlte. Meinem Gefühl folgte. Das offenbar eine Verbindung zur Zukunft hatte. Mich leiten ließ. Ins Ungewisse. Ins Unbekannte. Ins Neuland. In das Reich des Nichtwissens. Und der Nicht-Sicherheit.

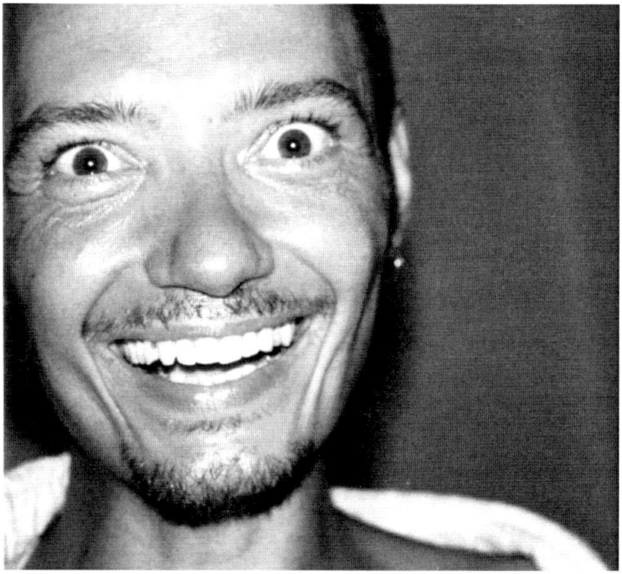

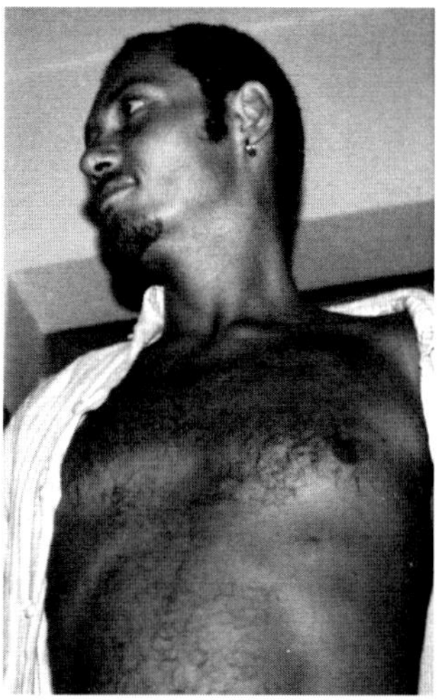

Letzte Tage im Irgendwo

An diesem Morgen begann auch dieses dreitägige Tantra-Anfänger-Seminar, wo ich teilnehmen musste, damit mich die dortigen Veranstalter erst mal kennenlernen.

Ich machte Übungen, die ich schon lange kannte … und doch. Und doch. Und doch. War da etwas neu. Es war mir, als würde ich diese Übungen zum allerersten Mal machen, jeder Moment war frisch, war neu… wie neugeboren. Selbst im Anfänger-Seminar hatte ich das Gefühl, dass das Universum für MICH etwas „Fortgeschrittenes“ aufbot. Die Übungen waren intensiver, meine Hingabe war echter, war „mehr“, war „tiefer“, mehr Energie… gewöhnliche Berührungen führten zu Ekstase. Ich war verblüfft, und umso mehr ich in dieses sich Hingeben eintauchte, je mehr ich vom „Tun“ ins „Spüren“ kam… ins „Nachspüren dessen, was jeweils *JETZT* sich als richtig anfühlte“ … von Moment zu Moment – anders. Neu. Frisch. Authentisch. Echt. Umso mehr das geschah, wie eine Spirale nach oben, oder besser nach „unten“, erdig, im Leben, hier und jetzt… mein „Ich“ mehr und mehr zur Seite ging, und beobachtete, und geschehen ließ… und sich selbst spürte in jedem Augenblick, von Schritt zu Schritt… immer nachfühlend in den Körper…. – je mehr das geschah und von mir zugelassen und bemerkt wurde, desto tiefer und echter und realer und fantastischer und ekstatischer wurde die Erfahrung !!

Mehr und mehr erkannte ich, dass mein tun, mein wollen, mein „erzeugen von Situationen“, dass all das im Weg stand, „jetzt zu sein". Und in diesem Jetzt immer alles schon da war – ohne dass ich etwas tun müsse. Mein Tun ja immer auf die Zukunft gerichtet war, und wenn es auch nur die Zukunft „des nächsten Moments" war. Aber niemals „Jetzt". Ich dadurch meist verpasst hatte, was JETZT ist… und dass JETZT alles schon da ist.

Wodurch ich mich durch diese Erkenntnisse natürlich auch noch mehr und noch tiefer und noch echter und noch ehrlicher und noch authentischer: hingeben konnte. Und natürlich auch: noch genussvoller und noch ekstatischer.

Und auch das Tanzen wurde echter, gefühlvoller, mehr und mehr ließ ich den Körper tanzen, wie *er* tanzen wollte ... weniger und weniger mischte *„ich"* mich ein. Wodurch ich mich mehr und mehr zurückziehen konnte in den Genuss dessen, was ist. Und nur mehr fühlen brauchte… alles andere machte mein Körper von selbst.

Und dies bemerkte ich auch mehr und mehr auf der Straße, wenn ich einfach nur „nichts tat" – und mich führen ließ von einem nicht enden wollenden Latihan[38]. Der Körper wollte nach links gehen, also ging ich nach links. Ohne zu wissen warum, ohne zu wissen warum in diese Gasse… und wenige Meter weiter traf ich einen wichtigen oder interessanten Menschen, oder beobachtete etwas Außergewöhnliches… und so lag langsam nicht mehr die Zukunft als Wirkung aus der Vergangenheit vor mir… sondern ging die Gegenwart auf in Wirkungsimpulse aus einer unbekannten Zukunft. Jeder Moment war neu. Stau-

---

[38] Indonesische Hingabe-Übung.

nend und neugierig mein Sehen. Ein langsames Sehen größerer Zusammenhänge, das ich noch nicht einordnen konnte.

Diesen Unterschied spürte ich insbesondere ganz stark bei Begegnungen, Umarmungen…. Sobald ich „tat" war da keine Energie und alles Tun war leer und erzeugte Leerheit, leere Ergebnisse. Und sobald es „einfach so geschah" war es voller Energie und Liebe und Gefühl und „Richtigkeit".

Und so begann ich mehr und mehr im „Jetzt" zu sein… meinen Körper spüren…. – auch außerhalb des Tantra-Seminars beendete ich nahezu jedes absichtsvolle, überlegte, zielorientierte *„Tun"* um etwas *„bekommen"* zu können. Ich blieb bei mir, bei meiner Körperachtsamkeit, lauschte, wenn er sich hinlegen wollte, legte ich mich (ihn, den Körper) eben hin, wenn er duschen wollte, duschte ich, wollte er essen, aß ich. Eben genau so viel und genau so lange, wie er, der Körper, eben essen wollte. Was sehr wenig war. Ich blieb absolut im Moment und erfüllte wie ein Sklave die Bedürfnisse des Körpers.

Ja, langsam begriff ich, was gemeint war mit dem yogischen Rat, dass der Verstand die Herrschaft hat, aber zum „Diener" gemacht werden wollte. Nicht ICH war der Herr, und nicht ICH hatte einen „Diener", oder meinen „Verstand" zum Diener zu machen…. Sondern: ICH war dieser Verstand… ICH war gemeint als jener, der zum DIENER werden sollte !!!!

Und ich begriff auch, dass dann viel Besseres geschah als zuvor. Dass „ICH" dafür auch „belohnt" wurde, mit

Glücksgefühlen, die künstlich nicht „machbar“ waren. Jemand anderer wusste viel besser als ich, was gut für mich war. Und mein Körper war mit diesem „Anderen“ irgendwie verbunden… - gelenkt… . Und ich brauchte nur nachzufühlen, was der Körper möchte, wohin er möchte… und alles war gut!

Ebenfalls in diesen Tagen erhielt ich eines Abends Gelegenheit, an einer „AUM-Meditation“ teilzunehmen, ein Gruppen-Katharsis-Marathon über mehrere Stunden, bei welchem man alle Gefühle durchging, ausdrückte, sich gegenseitig anschrie, anwütete, anweinte, anliebte. Herrlich dem neuen Freund von Karin meine Wut entgegenzuschreien, ohne dass er hörte, was ich schrie, war er doch gleichzeitig damit beschäftigt, mir auch seine Wut entgegenzuschleudern… eine intensive Erfahrung die letztlich auch mit einer wichtigen Erkenntnis endete: „Ich will etwas Besonderes sein“. Ja, ich wollte immer etwas Besonderes sein. Für mich, für die Welt, für Karin, für alles. Ich wollte als Heiliger oder gar Gott anerkannt sein, ein Guru sein, über anderen stehen – und das wurde mir auf einen Schlag voll bewusst. Vor allem wollte ich ein HEILER sein…. – dessen wurde ich mir schlagartig bewusst.

So bewusst, dass ich den Großteil davon ziehen lassen konnte. Eigentlich schrecklich bewusst. Aber auch befreiend bewusst. Dieses Erkennen dessen, was ist – dieses direkte Schauen – und auch BEKENNEN. Zugestehen. Und angewidert abwenden. „Shit, ich wollte immer etwas besonderes sein – und habe darüber vergessen, zu leben“. Und der zu sein, der ich bin. Mich selbst heilend… vielleicht heil werdend… aber niemanden anderen heilen müssend.

Und auch bei diesem AUM-Abend… als ich einmal durch die Augenwinkel sah, dass Karin langsam aber absichtsvoll in meine Richtung tanzte, um mir danach zu begegnen, spürte ich diese Unechtheit, diese Leerheit, diese Bedeutungslosigkeit im Moment. Dieses „hier geschieht nichts“. Und auch als ich mit einer anderen Frau tanzte, die „führen“ wollte, die „tanzen tun wollte“, die jeden Schritt mit dem Kopf oder mit ihrem Programm durchführte… war das alles einfach nur leer leer leer und falsch falsch falsch. Als würde es gar nicht geschehen – kein Gefühl dazu, keine Wärme. Keine Liebe und keine Bliss.

Im Gegensatz dazu zufällige Begegnungen voller Wärme, Liebe, Energie, Fühlen… dann wenn beide zur Seite gehen und „es“ zwischen sich geschehen lassen. Ohne Absichten, ohne das etwas entsteht, ohne Zukunft, ohne jede Verbindlichkeit. Weil nichts zu entstehen braucht wo eben alles schon da ist. Jetzt. Und im nächsten Moment Vergangenheit. Immer nur: Jetzt. Und dort, wo etwas „entstehend *gemacht* wird“: Ein ewiges Entstehen ist… ohne jemals anzukommen. Zwei gänzlich entgegengesetzte Prinzipien und Lebens- ja Seinsarten.

Am zweiten Tag des Tantraseminars ähnliche Erfahrungen wie zuvor, mehr und mehr Hingabe und Nicht-Tun. Und, welch magische Ironie: Eine Übung war Handflächen aneinanderhalten mit Augenbinden (ohne zu wissen, wer der ‚Andere‘ ist). Und auch hier plötzlich dasselbe elektrische Gefühl in der Hand wie Tage zuvor nach der Sannyas-

Initiation. Die Hand übernimmt… die Muskeln übernehmen… die Kontrolle geht verloren, und…….

… und zusätzlich beginnt die Wirbelsäule plötzlich zu vibrieren, zu pulsieren, auch hier plötzlich das Gefühl aufsteigenden elektrischen Stroms, hoch bis zur Höhe des Herzens. Starkes vibrieren, gleichzeitig die Augen verbunden, doch ich spürte, als würde sich jemand hinter mich stellen und mit einem Maßband messen, wie hoch die Kundalini steigt. Merkwürdig… denn im Nachhinein kann ich mir nicht vorstellen, dass das tatsächlich jemand tat… und in diesen Tagen war ich einfach nur den Ereignissen hingegeben und habe nicht darüber gesprochen und auch nicht nachgefragt. Alles war Magie… und jedes Sprechen darüber, wirkte auf mich wie es zu zerstören. Da war ein inhärentes „darüber spricht man nicht“ dabei. Ein unausgesprochenes: „Diese Energie ist Geheimnis und will es auch bleiben und offenbart sich dem Hingegebenen als Geschenk.“ Wie eine Art verbotener Liebe. Aber aus göttlicher Quelle.

Hatte ich bis dahin Kundalini nur als Wärme, als angenehmes Gefühl, als von mir kontrolliertes „Etwas“ wahrgenommen, mehr in der Fantasie als real physisch im Körper… war sie nun zu einem von mir nicht zu beeinflussenden physischen Phänomen geworden. Und „Energie“ kein Synonym mehr für esoterische Konzepte oder jenseitige, gar astrale Feinstofflichkeit… sondern im Gegenteil, Hier, Jetzt, direkt erfahrbar, physisch, elektrisch, manifestiert, erdig, tatsächlich, grobstofflich !!

Auch hier ließ ich mich einfach weiter in diesen Erfahrungen staunend und akzeptierend treiben. Staunend darüber, dass es tatsächlich „mehr" gibt. Dass ich tatsächlich bisher NICHTS wusste… und nur irgendwelche Sachen glaubte, interpretierte… und sich mir nun nach und nach ein Schleier lüftet, den ich so nie für möglich hielt. Oder anders ausgedrückt: den ich bisher für Realität gehalten hatte.

Und ich war bereit, weiter in diesem hingegebenen passiven Seinszustand zu verbleiben… auch für den Rest meines Lebens… - süßer war das Leben nie gewesen.

Eintauchen ins Nirgendwo

Irgendwann, vielleicht am zufriedenen Weg vom Ashram in mein Stamm-Bistro überkam mich der Gedanke, oder eher die Frage und Ungewissheit, ob es nun wirklich mit Karin endgültig vorbei ist. Und ich wollte Gewissheit, wissen, woran ich bin.

Es war merkwürdig, denn einerseits ging ich einen Schritt zurück zum „Tun". Gleichzeitig verbunden mit diesem Gefühl „jetzt erst recht", einer aufgeregten Energie, inneren Erregung und Sehnsucht nach Wahrheit, und dem Drang, es wissen zu müssen … und … „scheiß drauf" - dann halt auch wieder zu „tun".

Dieses „tun" wirkte sich so aus, dass ich etwas Verbotenes tat. Etwas moralisch Verbotenes. Verwerfliches. Zumindest wird es von normalem Verstand – oder wurde von meinem Verstand – so bewertet: Ich ging ins nächste Internetcafe und tat, was ich noch nie tat: Ich loggte mich mit ihrem Benutzerkonto ein. Vor vielen Monaten hatte ich ihr die E-Mail-Adresse angelegt, war dabei, als sie das Passwort wählte… und hatte dieses nie vergessen, so wie sie es nie geändert hatte. Voilà. Ich war drinnen.

Tja, und da stand es schwarz auf weiß, an ihren Bruder gemailt: „Ich bin so froh, dass die Beziehung mit Edgar endlich zu Ende ist". „Ich bin so glücklich mit meinem neuen Freund". Und Ähnliches.

Päng Päng Päng… Tralala päng päng…

Ich war nicht am Boden zerstört.

Ich war nicht verärgert.

Ich war nicht wütend.

Vielleicht war ich auch nicht traurig.

Sondern ich war: Aller meiner Illusionen, Hoffnungen, Träume absolut und schlagartig beraubt.

Ich war die Traurigkeit selbst. Keine Hoffnung. „Keine Liebe auf dieser Welt". „Alles nur gelogen". „Dieser Planet ist ohne Liebe". Solche und ähnliche Gedanken. Unendliches Selbstmitleid. Wozu hier sein ?? Was soll das Ganze noch ??

Ich hatte keine Selbstmordgedanken, das nicht. Aber ich hatte den Glauben an die Liebe an sich verloren. „Ich, die Liebe selbst, wird hier nicht geliebt". Das war das Prinzip meiner Stimmung.

Und langsam und mit hängendem Kopf ging ich in meine damalige Stamm-Kneipe, die „German Bakery."[39]

Bestellte irgendetwas zu essen. Mit ein paar fetten Pommes. Vielleicht aß ich es auch. Setzte mich hin. Im

---

[39] Ja, genau jene German Bakery in Poona, welche mehr als 11 Jahre später, im Februar 2010, durch einen schrecklichen Bombenanschlag vollkommen zerstört wurde, wobei 9 Todesopfer beklagt wurden.

Meditationssitz, wie üblich. War ja eine Holzbank. Schloss die Augen. Wippte nach vorne und nach hinten – wie oft üblich bei Guruji… „Kundalini weiß selbst, was für sie gut ist". Ohne zu tun. Ohne selbst zu wippen. Der Körper wippte halt.

Ich Augen zu. Manchmal auf. Wirre Gedanken. Selbstmitleid. Fantasien.

Ich sehe mich sitzen, im Ashram, in einem geheimen Raum. Sie haben mich weggesperrt. Freiwillig. Ich bin dort das Geheimnis des Ashrams. Menschen werden immer wieder einzeln in den Raum geführt. Manchmal auch kleine Gruppen. Ich gebe ihnen meinen Segen. Meine Liebe, meinen Segen. Bin ein Heiliger.

Karin kommt in diesem Raum. Verdammt, Karin. Ich soll sie segnen. Segne ich sie ?? Kann ich sie segnen? Kann ich ihr das Licht geben?

Ich möchte weiterdenken. Weiterfantasieren. Kann nicht. Möchte mich entscheiden können… möchte die Geschichte in der Fantasie weiterspinnen. Kann nicht. Kann nicht denken.

Ich kann nicht denken. Will an etwas anderes denken. Kann nicht denken. Kann plötzlich nicht mehr denken. Mitten drin gestoppt. So was hatte ich noch nie. Denkaussetzer. Immer hatte ich gedacht… mein ganzes Leben lang habe ich „irgendwas" gedacht. Irgendein Gedanke war immer hier. Doch plötzlich: Kann ich nicht mehr denken !!!

Staunen.

Ich mache die Augen auf. Da kommen zwei Männer rein. Beide schüttelt es heftig. Sie zittern am ganzen Körper. Gehen an mir vorbei. Halten sich dabei die Hände. Setzen sich nicht unweit von mir auf die Bank. Ich beobachte. Dazwischen Augen zu. Denken geht nicht. Augen auf. Blicke rüber. Der Jüngere lächelt mich an. Den Älteren kenn ich, der wirkte immer wie so ein Guru, ein Wissender, ein Eingeweihter. Den Jüngeren kenne ich nicht. Auch er ist älter als ich und dürfte gerade dem Älteren energetisch helfen. Dürfte dessen Meister sein – so wirkt es. Er blickt mich an. Lächelt mich an. So, als würde er mich kennen. Ist er schwul??

Ich blicke weg. Versuche zu denken, die Geschichte fortzusetzen, geht nicht. Spüre, wie langsam meine Wirbelsäule zu vibrieren beginnt. Ähnlich wie bei der Übung im Seminar. Energie steigt auf. Ich spüre VIEL Energie aufsteigen. Und nicht nur in der Wirbelsäule, auch vorne an der Front des Körpers, zur Brust, in der Brust. Heftige Energie. Panik ergreift mich. Fluchtimpuls. Doch: wohin?? Eine Ahnung des Sterbens… - keine Flucht möglich. Und irgendwie möchte ich auch nicht mehr fliehen. Wohin? Ist doch ohnehin alles vorbei. Habe alles aufgegeben, für irgendwelche spirituellen und romantischen Träume… die sich nun ausgeträumt haben.

Also bleibe ich dabei. Weiß nicht, was ich tun soll. So viel Energie hinten und noch viel mehr vorne. Es zittert. Ich zittere. Die Brust pocht. Ich habe Angst zu sterben. Todesangst. Panik. Blicke wieder hinüber zu diesem Typen. Er lächelt mich noch immer an. Ja, er lacht richtig. So, als würde er über mich lachen. Oder über das, was hier geschieht. Aber kein böses Lachen. Ein wohlwollendes

Lachen. So, als wäre er von einer anderen Seite des Seins. Als würde er wissen, was um mich geschieht. Wie es mir geschieht. Was überhaupt geschieht. So als würde er wissen, dass ich gleich sterben werde, und als würde er mir sagen „es ist gut – lass es geschehen du Angsthase“.

Ja, wovor hab ich Angst ?? Oft hatte ich mir eingeredet oder auch gesagt „dieses Leben soll mein letztes Leben auf diesem Planeten sein“. Und jetzt plötzlich war es so weit. Und plötzlich war ich bereit. Oft war ich in bedrohlichen Situationen, auch in Varanasi, als ich einmal das Gefühl hatte, auf uns würde geschossen. Und immer: Flucht. Weiterleben wollen.

Der Autor frisch „frisiert“,
mit Freund in der German Bakery in Poona
,(welche 2010 durch einen Bombenanschlag zerstört wurde)

Ich ergebe mich - Samadhi

Doch plötzlich war ich: einverstanden. Es fühlte sich an wie: „Okay, ich weiß nicht, was danach kommt. Ich weiß es nicht. Vieles habe ich geglaubt, an Himmel, an Reinkarnationen, andere Dimensionen. Aber letztlich: weiß ich es nicht. Aber was auch immer nachher kommt, irgendwie fühlt es sich so an, als wäre es BESSER als das, was davor ist. Als wäre es besser als dieses Leben hier. Egal was danach ist". Auch der Blick dieses Mannes schien mir dies zu sagen. Sein Lächeln schenkte mir Vertrauen. So, als ob er sagen würde „Vertraue. Was danach kommt, ist besser als das, was du kennst".

Und ich ließ los. Die Energie war nicht zu bremsen, war nicht zu kontrollieren – bestenfalls hätte ich vielleicht noch weglaufen können, und selbst das hat sich so angefühlt, als wäre es chancenlos. Und die Energie fühlte sich gar nicht so schlecht an. Intensiv im Rücken, in der Wirbelsäule, die richtig vibrierte und zitterte, intensiv an der Brust, im Herzen. Aber in dieser Höhe steckte sie irgendwie fest, so wie bei der Übung, wo sie von selbst gerade mal ein bisschen bis zum Herzen hochkam … und dann ausvibrierte.

Dieses Mal hatte ich den Eindruck, dass es nicht mehr von selbst aufhört. Dass sie „durch" möchte. Und dass auch ich dazu was „tun" musste. Das „Richtige". Nur was ???? Das Einzige was sich richtig anfühlte, war: zur Seite gehen. Es geschehen lassen. Absolut und total zur Seite gehen. Innerlich. Es zulassen. Und irgendwie merkte ich, dass ich den Atem anhielt. Und irgendwie ließ ich den Atem los. Und zwar so, dass ich den Körper atmen ließ, wie „er“ atmen wollte. So, wie in all den Tagen zuvor, habe ich auf den Körper gehört. Ihn „machen“ lassen. Und obwohl mir das wohl peinlich gewesen wäre, und deshalb wohl auch unterdrückt war, ließ ich nun den Atem zu, wie „es“ atmen wollte. Und das war: Laut. Stöhnend. Wie bei einem Orgasmus. In der Öffentlichkeit, in einem Lokal. Im Westen hätte man wohl die Psychiatrie gerufen. In Indien wurde ich bestenfalls später von anderen gefragt, „was ich genommen hatte“ und „wo man das bekommt“.

Fast schrie ich. Stöhnte. Haahhh. Hahhh. Und noch ein „Hahhh“. Und es fühlte sich sooo ekstatisch an, so orgastisch… im Herzen. Der ganze Brustraum wurde geflutet von elektrischer Energie… wie ein Orgasmus im Herzen. Oder noch viel stärker, als man es von einem Orgasmus kennt. Intensiver. Länger. Und ohne Ende.

Gleichzeitig stieg nun auch die Energie in der Wirbelsäule weiter. Fast augenblicklich nach der „Herz-Öffnung“ schoss die Energie durch die Wirbelsäule bis in den Kopfraum und füllte ihn aus. Den ganzen Kopf. Den Scheitel. Überall nur Licht. Überall nur Energie. Endlose Energie. Unendlich starke Energie. Weiß. Vibrierend. Und: unendliche Glückseligkeit erfüllte mich. Nicht verbal „unendlich“ gemeint, so, wie man das halt so sagt. Sondern tatsächlich „unendlich“. All die Glückseligkeit, die in diesem Universum möglich ist, jemals existierte und jemals existieren wird. Gleichzeitig.

Und da war nun plötzlich auch nicht nur der Denker weg, das Denken ausgeschaltet, sondern auch das ICH an sich. „ICH" wurde ausgeschaltet. „Ich" als „die Person Edgar", mit all dem Glauben und Wissen über mich. Wie eine Traumfigur, die endet, die stirbt. Ein Film, der endet. Egal ob mit oder ohne „Happy End": einfach aus, mitten drin. Und Bewusstsein bleibt übrig.

Da war nichts anderes als diese Glückseligkeit. Pur. Nicht einmal eine Wahrnehmung darüber. Keiner da, der diese Glückseligkeit empfand. Ein Paradox.

Doch war es nicht das letzte Paradox.

Ich war Gott. Ich war Nichts. Ich war nicht. Es war kein Ich. Ich war Alles. Alles war Nichts. Ich war Energie pur. Ich war die Kundalini. Alles war (und ist) Gott. Gott ist erleuchtet, immer. Alles ist ein Traum. Der Traum träumt sich selbst. Und ich bin DAS.

Unendliche Wahrheiten reihten sich aneinander. Sich widersprechende Wahrheiten, wenn man sie in Worte bringen möchte – beschreiben möchte. Es war end-gültig. Und es war: vorbei.

Die Kundalini war aufgestiegen, zuerst als reine Energie wahrgenommen, elektrisch, hat sich dann mit dem, was zuvor noch das „Ich" war, das „Ich bin" war, vereinigt, Energie mit Bewusstsein, Shakti mit Shiva, das Universum mit dem reinen Geist.

Und es nahm wahr, dass es immer schon vereinigt war. Dass nichts zu vereinigen ist. Dass dies, was existiert, ein Traum ist, der sich selbst träumt. Ein halbexistentes Universum, wie ein Probelauf, wie ein Betatest. Ein so tun als ob. Ein „so tun, als ob es das alles hier geben würde“. Der wahre Zustand: Einfach nur ewig währende Glückseligkeit, ohne Zeit, ohne Raum. Ohne eigentliches „Ich“.

Im Körper hatte sich zuerst die innere Frau bewusst gemacht, war ich jahrelang am „Androgyn-Trip“, wurde „sie“ erweckt und von mir durchlebt und belebt. Links und Rechts wurden ausgeglichen, durch Erfahrungen, durch Yoga, durch Tantra, durch Drogen und durch das Leben selbst. Und alles nur ein Trip. Aus der Sicht von absolutem Bewusstsein einfach nur eine Show, ein Film, der genauso sein musste, wie er war, ohne „richtig“ und ohne „falsch“.

Und nachdem Links und Rechts, Yin und Yang, Männlich und Weiblich, Ida und Pingala, ausgeglichen waren, hat sich die Energie im Steiß vereint, wurde eine Ebene der Polarität erfüllt. Ist dann als Kundalini-Shakti, nun wieder als „weiblich“ wahrgenommen, die Wirbelsäule hochgestiegen, und hat sich mit Bewusstsein, mit Shiva, mit „Ich bin“ vereint, und eine weitere Ebene der Polarität hat sich erfüllt und aufgelöst.

Und in dieser Auflösung vereinte sich der Körper mit dem Rest des Universums, mit dem GANZEN Universum. Als kosmische Shakti, als reine Energie, mit dem reinen Geist, mit kosmischem Bewusstsein und erfuhr eine Glückseligkeit, wo jeder normale und auch tantrische Orgasmus daneben nur wie ein schwacher Puups wirkt, wie ein müder Abglanz des Eigentlichen.

Und dann sitzt du da, als „das Ganze an sich“, und in dir ist da ein Körper, und du dachtest ein Leben lang, du seiest dieser Körper. Und in Wirklichkeit bist nicht du in diesem Körper, sondern dieser Körper in dir. Als ein beliebiger Traumkörper. Und da ist kein „Ich“ mehr, und was übrig bleibt kann sich nur wundern, jemals gedacht zu haben, dieses „Ich“ zu sein. Ein „Ich“ das sterben könnte. Ein „Ich“ das kommt und auch geht. Eine vergängliche Erscheinung innerhalb all dieser vergänglichen Erscheinung.

Und in der Erfahrung dieses „Alles Sein“ und dieses „Nicht-Ich-Sein“ erfährst du deine Nicht-Ich-keit als Nichtigkeit. Völlig unbedeutend dieses Ich und völlig unbedeutend dieses „Nicht-Ich“. Völlig unbedeutend dieses „Alles“, und völlig unbedeutend auch all diese Konditionierungen und Programmierungen, die uns als MENSCH ausmachen. Nichts davon muss gehen. Kein Ego, das zerstört werden müsse, und kein Mensch, der als Individualität „erleuchtet“ werden könnte. Alles ist schon erleuchtet, immer und immer schon. Alles ist schon „Gott“, immer und immer schon. Und dieses „Gott“ ist es auch, das immer und immer schon „erleuchtet“ ist. Mehr ist da nicht!

Keine „Heiligkeit“ und alles heilig zugleich. Jede Form, jeder Körper hier bin ICH. Jede Erscheinung in ihrer tiefsten Essenz und auch in ihrer GANZEN Form immer und ewig „erleuchtet“.

Und dann löscht sich dieses „Alles“ in seiner letzten Polarität aus. Im „Alles und Nichts“, jenem Alles, das gleichzeitig das Nichts ist, das Nirwana ist, und gleichzeitig Samsara ist. Das eben beides zugleich ist, ein einziges riesengroßes „Sowohl-als-auch". Und natürlich gleichzeitig ein „Weder-noch" – für den gewöhnlichen Verstand unbegreifbar. Einen Verstand, der sich angesichts dieses übergeordneten und allem inhärenten Paradox einfach: ausschaltet. Tilt !! Wie ein Computer, der einfach abstürzt.

Und irgendwann verbrennt diese Energie, diese Glückseligkeit im Kopf, die unser eigentlicher Normalzustand ist.

Ich fand mich mit (m)einem Körper wieder. In einer sogenannten „Realität“ wieder. Alles war anders. Alle waren erleuchtet. Alle waren Gott. Es gab nur Gott. Es gab nur mich. Alle waren „Ich“, egal wohin und in wessen Augen ich schaute.

Der „erschienene Meister“ wurde mein erster Geburtshelfer in diese neue Welt, mein Freund, und wir lachten über all diese Show. Tagelang saß ich nur schweigend da und bestaunte diese Gottes Welt.

Direkt nach der Erfahrung stampfte ich fest mit den Füßen am Boden auf, gleichsam um „wieder hier auf Erden“ zu sein, kniete dann vor dem Restaurant auf der Straße nieder, dem ganzen Universum dankend für diese „Zugabe“, für diese Freiheit, für diese Erfahrung, für dieses Geschenk. Und auch dafür, hier noch einen Körper haben zu dürfen.

Denn es wunderte mich sehr, dass es „danach“ noch weiterging und der Körper hierblieb. Oft hatte ich mich zuvor gefragt, wie ein „Leben nach der Erleuchtung“ aussehen könnte, und da ich keine Vorstellung hatte, habe ich es als „unmöglich“ oder „völlig sinnlos“ abgetan. Ich wurde eines Besseren belehrt. Es war ein Ende, und es war ein Neubeginn. Wie ein Baby, das frisch auf die Welt kommt. Wie eine zweite Inkarnation im alten Körper.

Zu Anfang sah ich es nur als „Zugabe“, als Draufgabe, als eine Art „Feierabend nach dem Leben“, oder „Urlaub vom Leben“. Wie den Zuckerguss am Kuchen, oder die Sahne im Kaffee.

Und ich ahnte nicht, dass nach dieser „Erfahrung des Absoluten“ ein relativer Prozess beginnen und sich über Jahre hinziehen würde. Ein Auflösen, ein „persönliches Verbrennen“, völlig individuell, völlig Personen- und Körper-bezogen. Ich vermerkte in meinem Tagebuch einfach nur „Hurra, ich bin erleuchtet“, als wäre es das normalste und auch nebensächlichste der Welt. Irgendetwas in mir dachte wohl, alles könne so weitergehen wie zuvor, nur eben „ein bisschen anders“ und ohne spirituelle Suche.

Doch kein einziger Tag wurde jemals wieder so wie zuvor.

Ein permanentes Erfahren, das nicht mehr stoppte, sich immer mehr erweiterte und vertiefte, Tag für Tag, war die Folge. Persönliche Transformationen, die von selbst geschahen, die mich auf den Kopf stellten und mehrmals dreidimensional um 180 Grad drehten. Ohne irgendetwas dafür zu tun, ja ohne es überhaupt anzustreben, manchmal nur mit dem Wunsch verbunden „bitte endlich etwas Ruhe“. Wie auf einer Achterbahnfahrt, wo man einfach nur mal nach „Pause“ schreit.

Dieser eine Moment, dieses Eintauchen, hat einfach nie geendet. Das ganze Zeitgefühl ist für mich subjektiv teilweise so, als wäre seither (und wenn ich nun diese Zeilen schreibe, geschieht dies immerhin fast 11 Jahre später!) keine Zeit vergangen. Als würde ich noch immer in diesem einen ewigen Moment sein. Völlig unabhängig davon, dass der Körper sehr wohl im Spiegel älter aussieht und das Haar grau wurde. Ein Teil von mir ist „dort“ geblieben, und ist noch immer „dort“. Und hier in dieser Welt läuft einfach der Lebensfilm zu Ende, spult sich ab, wie er sich abspulen soll. So fühlt sich das an.

Und nicht, als ob ich nicht teilhätte, im Gegenteil. Vieles ist intensiver geworden, viele Gefühlswelten haben sich erst danach „richtig" geöffnet, und oft, sowohl positiv als auch negativ, in einem Umfang, den ich wohl früher gar nicht ertragen hätte können.

Die menschliche Erfahrung voll und ganz und mit Freude und einem großen „Ja" und gleichzeitig, sowohl als auch eine Distanziertheit und ein Wissen über die Vergänglichkeit aller Dinge und Erscheinungen. Wissen über die Ewigkeit als unendliche Welle. Und über das Jetzt als punktgenauen ewigen Moment.

Es war eine Gottwerdung eines Menschen, und es ist eine Menschwerdung Gottes. Und das ist immer so. Nicht nur mit mir, persönlich, sondern immer und überall. DU, der du das liest, du bist Gott. Nicht „ein" Gott, sondern *DER* Gott. Es gibt nur Dich, es gibt nur diesen Einen (und mit männlich-weiblich hat das nichts zu tun).

Dieser „Gott Edgar" hier, der dies schreibt, das ist derselbe Gott, wie jener Gott, der diese Zeilen liest. Nur *ein* „Ich". Nur *ein* „Bewusstsein". Ein einziges großes ewiges Sein.

Und auch als Mensch: Dieser „Mensch Edgar" hier, der dies schreibt, ist einfach nur dasselbe wie du. Eine körperliche Erscheinung IN DIESEM EINEN.

Nur ein Jahr später, von mystischen Zuständen zu anderen mystischen Zuständen wechselnd, schrieb ich ein Buch darüber, über all das, was damals geschah... und nannte dieses Buch „Erleuchtung". Habe im Internet mehrere Foren zum Thema „Satsang und Erwachen" gegründet, wovon eines das größte diesbezügliche Forum im deutschsprachigen Raum wurde. Ja, da bin ich auch ein bisschen stolz darüber. Und tat es dennoch rein nur aus Spaß, Freude, Experimentiertrieb und aus kreativer Energie.

Die Erfahrung selbst ging weiter. Endete nie. Wurde abgeklärter und gewohnter und tiefer.

Und es ging neben all diesem „Verbrennen der Persönlichkeit und Glaubenssätze" auch *jenseits* der Erfahrung selbst. Jenseits „Erleuchtung", was gleichzeitig ein „Diesseits" ist.

„Hier und Jetzt in diesem Kino", in diesem Universum, in diesem Leben. Teilhabend in diesem mystisch-magischen Raum. Hingegeben an das göttliche Spiel durch ein „persönliches Zurückkehren". Die Inder nennen es „Leela", das „göttliche Spiel".

Jenseits von Einheit und Jenseits von Vielheit. „Param Advaita[40]".

Aber das ist eine andere Geschichte... ;-)

---

[40] Param Advaita: Begriff der Nath-Yogis für einen Seins-Zustand „jenseits von Einheit und jenseits von Vielheit". Synonym für „Samadhi im alltäglichen Leben". Jenseits von Unterscheidungen zwischen „Erleuchtung" und „Nicht-Erleuchtung".

einige Wochen später, chillout in Goa

***** ENDE *****

Weitere Bücher des Autors

Erleuchtung
(Ausbruch aus der Matrix)
ISBN: 978-3890943374

Kundalini
das Erbe der Nath-Yogis
ISBN: 978-3890943961

Satsang mit OWK
ISBN: 978-3890944821

Kundalini-FAQ
ISBN: 978-3890944807

www.owk.eu